여사장의 탄생

김미선

여사장의 탄생

한국 현대 경제사의 여성 자영업자

마음산책

여사장의 탄생

한국 현대 경제사의 여성 자영업자

1판 1쇄 인쇄	2025년 3월 1일
1판 1쇄 발행	2025년 3월 5일

지은이	김미선
펴낸이	정은숙
펴낸곳	마음산책

담당 편집	황서영
담당 디자인	오세라
담당 마케팅	권혁준 · 김은비
경영지원	박지혜

등록	2000년 7월 28일(제2000-000237호)
주소	(우 04043) 서울시 마포구 잔다리로3안길 20
전화	대표 I 362-1452 편집 I 362-1451 팩스 I 362-1455
홈페이지	www.maumsan.com
블로그	blog.naver.com/maumsanchaek
트위터	twitter.com/maumsanchaek
페이스북	facebook.com/maumsan
인스타그램	instagram.com/maumsanchaek
전자우편	maum@maumsan.com

ISBN	978-89-6090-921-2 03300

* 책값은 뒤표지에 있습니다.

왜 여성의 노동과 경제활동은
생계와 가족부양 차원을 넘어서
공동체나 지역, 국가경제, 사회, 문화, 정치 등
다양한 측면에서 의미화되지 못하는가.

여사장의 가시화,
그 출발점에 서서

1.

지금은 '신新자영업 시대'라고 불릴 만큼 자영업에 진출하는 사람이 증가하는 추세이다. 피고용인을 포함한 자영업 부문 종사자는 2020년 기준 취업자의 40.8퍼센트에 달한다. 2023년 기준 전체 취업자 중 자영업자 비율은 23.4퍼센트로, OECD 주요국에 비해 현저히 높으며 특히 미국, 캐나다, 독일, 일본, 스웨덴, 프랑스 등보다는 약 10퍼센트 더 높다.[1]

그럼에도 불구하고 한국에서 자영업에 대한 학술적 관심은 매우 적은 상황이다. 특히 여성 자영업자에 대한 관심은 더욱 부족하다. 수많은 여성이 '자기 고용self-employed'을 실천하며 자영업에 진출해 다양한 사업체를 운영하지만, 이러한 여성의 경제활동을 한국 역사의 노동과 경제적 맥락 속에 위치시키며 학술적인 논의를 본격적으로 전개한 사례는 매우 드물다. 미디어에서 여성 자영업을 다루기도 했지만 점포를 혼자 운영하는 여사장의 안전 문제를 다루는 기획기사 정도에 머물렀다.[2]

여성의 자영업은 부불노동unpaid labor인 가사노동, 그리고 임금노동과 더불어 빼놓을 수 없는 중요한 경제활동임에도 불구하고, 여성 노동 연구에서는 물론 한국 경제사와 한국 여성 노동사에서도 항상 주변으로 밀려나 있었다. 여성 자영업자는 국가의 경제성장을 위해 일정한 역할을 했다고 평가되지 못했다. 이들의 경제활동은 가족의 경제 소득을 위한 생계 활동 혹은 개인의 직업 활동으로 그 의미가 제한되거나 때때로 폄하되었다. 따라서 여성 자영업자로서 사업체를 운영하는 여사장에 대한 관심은 부재해왔다고 해도 과언이 아니다.

한국 사회에서 공장이나 사무실과 같은 직장에서 근무하는 여성 임금노동자의 비율이 여성 자영업자보다 더 높아진 것은 산업화 시기 일자리가 늘어나고 특히 사무직을 비롯해 서비스직 등 여성의 고용이 확대된 1980년대 중반부터였다. 그러므로 임금노동과 가사노동 위주로만 여성 노동을 살펴보는 것은, 그 밖의 다양한 일과 경제활동을 했던 여성의 경험을 비가시화한다. 또한 기존의 페미니즘 논의는 여성의 소비와 노동(생산)을 분리하여 바라봄으로써, 여성의 소비문화와 밀접히 전개된 장사나 점포 운영, 사업과 같은 경제활동을 부지불식간에 보이지 않도록 한다. 이로 인해 여성 노동에 관한 역사적 연구에서 '여사장' '여성 자영업자' '여성 사업가' '여성 실업인' '여성 경제인' 등 다양한 이름으로 불리는 비임금노동자인 여성 자영업자에 대한 관심이 부재할 수밖에 없었다. 또한 직원을 고용하는 고용주인 여사장을, 노동자를 착취하거나 억압하는 자본가라는 부정적 시선으로 이해했던 것도 한몫했다.

여사장은 한국 현대사에서 거의 다뤄지지 않았던 존재이다. 20세기 한국 경제사, 특히 한국 자본주의 역사에 대한 관심은 주로 대규모 사업체를 운영하는 자본가에게 집중되었다. 그러한 대표적인 도서로는 『제국과 상인: 서울, 개성, 인천 지역 자본가들과 한국 부르주아의 기원, 1896~1945』(역사비평사, 2007)와 『근대 한국의 자본가들: 민영휘에서 안희제까지, 부산에서 평양까지』(푸른 역사, 2014) 등이 있다. 이 책들은 대자본을 바탕으로 사업체를 성장시킨 남성 자본가나 재벌에 주목한다. 대규모 사업체 위주의 남성중심적 접근은 다양한 형태와 규모로 전개된 여성의 경제적 실천인 '자기 고용'을 비가시화하고 결국은 한국 경제사에서 이들의 존재를 삭제한다. 따라서 한국 현대 경제사에서 여성의 경제활동인 자기 고용, 즉 자영업 운영은 철저하게 잊혀왔다.

사정이 이렇다 보니 박사논문으로 전후戰後 여성의 대표적인 자영업인 양장점 운영을 연구하는 것은 쉽지 않았다. 노점이나 행상 형태로 장사하거나 점포 또는 사업체를 운영한 여성들의 경제활동을 지칭할 수 있는 포괄적인 용어가 부재했기 때문이다. '자영노동自營勞動'이라는 용어를 고려하기도 했지만, 자영업은 자기 고용이기 때문에 '노동'이라는 이름을 붙이는 것은 적합하지 않다는 지적도 있었다.[3] 또한 '자영업'이라는 용어는 한국 사회에서 주로 소규모 생계형 자영업으로 이해되기 때문에 전후 여성이 운영한 다양한 형태와 규모의 사업체를 아우르기에 적절치 않았다. 이런 맥락에서 한국 사회에서 흔히 사용하는 '자영업자'라는 표현 역시 여러 명의 직원을 둔 경우나, 전후 사회에서 양장점을 운영한 여성을 지칭하기에는 어감과 맥락이 적합하지 않아 보였다. 특히 양장점을 운영하는 여성의 경험을 기존의 용어와 이론, 즉 분석틀로 설명하는 데는 한계가 있었다. 이에 이 책의 출발점이 된 박사논문에서는 양장점을 운영하는 여성을, 직원을 고용한 경우와 그렇지 않은 경우 모두 당대 사용하던 용어인 '자영업주'로 통칭했다. 그리고 이러한 사업체를 운영하는 경제활동을 기술노동이나 자영 노동이 아닌 '자영업'으로 개념화하였고, 소규모 사업체 운영의 계기와 과정, 그리고 그러한 경제활동이 갖는 의미를 '여성의 경제female economy'로 역사화하는 데 초점을 맞췄다. 하지만 당대 사용한 '자영업주'라는 용어는 현재 대중적으로 사용하지 않기 때문에 이 책에서 사용하기에 적절한지에 대한 고민이 뒤따랐다. 따라서 『여사장의 탄생』에서는 박사논문에서 진전시킨 논의를 바탕으로 하면서도, 기존 접근에서 겪었던 어려움을 비판적으로 검토하고, 자영업의 분야와 형태를 보다 폭넓게 다루며 논의의 범위를 현재까지로 확장했다.

이 책은 한국전쟁기부터 현재까지 이어져온 여성 자영업의 역사적 변화를 드러내고, 여성이 진출한 다양한 영역의 자영업, 대규모 사업과 기업 운영까지 포괄해 다룬다. 즉 한국 현대 경제사에서 여성의 자영업 운영을 노점과 보따리 장사부터 소규모 점포와 대기업 운영까지 논의하고, 당시 제조업에 속했던 양장점은 물론 포목布木 장사, 상품 수출 등의 사업 분야도 다루었다. 자영업에 진출한 여성의 구술 자료를 활용하여 여성 경험을 구체화하고 신문과 영화, 소설 등을 통해 당대의 담론과 문화적 재현도 다루고자 했다.

2.

자료를 조사하고 구술 채록을 하면서 만나온 다양한 분야의 여성이 여사장이 되기까지, 그리고 여사장이 된 이후에 겪었던 경제활동 경험과 삶의 애환을 이 책을 통해 드러내고자 했다. 여성이 여사장으로서 가정에서, 지역에서, 한국 사회에서 일정한 역할을 해왔음에도 불구하고, 왜 이토록 긴 시간 동안 이들이 비가시화되었는지 문제시하고 이들의 존재에 빛을 비추고 싶었다. 여성과 밀접한 분야인 미용, 양재洋裁, 수예 등으로 소규모 사업체를 운영하는 여성은 우리의 할머니와 어머니의 모습이기도 하며, 우리 자신과 앞으로 자라날 여성들이 되기를 희망하는, 혹은 될 수밖에 없는 모습이기도 하다. 우리가 살아가면서 일상적으로 방문하는 수많은 상점은 물론, 동대문 시장이나 남대문 시장을 비롯해 전국에 있는 상설 시장에는 여성이 자기 고용에 기반해 운영하는 점포가 정말 다양하고 많다.

여성 자영업자는 낯선 사업을 시작하면서 실패할지도 모른다는 두려움을 이기고 자신이 가진 계획, 꿈, 때로는 욕망을 실현하기 위해 그 누구보다 열심히 살았다. 또한 그 누구보다 자신의 가족을 위해서 헌신적으로 일했으며, 결혼하기 전에도, 결혼한 이후에도 그러한 역할을 마다하지 않았다. 사업체 운영을 통해서 가족의 생계만을 담당한 것이 아니라 한국 경제는 물론 지역 경제와 사회, 여성 커뮤니티에서 중요한 역할을 해왔다.

하지만 이렇게 자영업을 해온 여성은 가족의 생계를 책임졌다는 자부심을 느끼는 한편, 돈벌이를 했다는 것 자체에 스스로 부정적인 인식을 갖기도 했다. 현모양처 이데올로기가 강력했던 한국 사회에서 직업을 갖고 돈을 버는 여성은 가정에 소홀하다고 여겨졌기 때문이다. 그뿐 아니라 기혼 여성이 일을 한다는 것은 남편이 경제적 역할을 제대로 못 하거나 가난하다는 것, 즉 계급적 수준이 낮음을 의미했기 때문에 부끄러운 일로 여겨졌다. 또 사회적으로는 사업을 통해 돈을 버는 여성을 '문제적인 여성'으로('기 센', '드센', '나대는'……) 이미지화했다. 또한 여성의 돈벌이는 곧 자신의 개인적 소비나 성적인 욕망에 따른 것으로 해석되기도 했다. 이러한 사회적 인식 때문에 일찍이 자영업에 뛰어들었던 여성의 경험은 제대로 전해지지 못했다. 여성의 경제활동이 사회적으로 저평가되거나 부정적으로 이해되었기에, 교육을 받은 여성은 자신의 사업 이력을 숨기고 싶은 경험이자 잊고 싶은 기억으로 치부했다. 실제로 1950~1970년대에 소규모 사업체를 운영했던 여성이 남편과 아들에게 누가 된다며 자신의 경제활동 이력을 숨기려고 하는 바람에 구술 채록으로 이어지지 못한 경우도 있었다.

한국 사회에서 여성은 여전히 남성과 동등한 경제적 주체로 인정받는다고 보기 어렵다. 성별 임금격차로 인해 여성 평균임금은 2022년 기준 남성 평균임금의 68.8퍼센트 수준이다. 이는 OECD 회원국 35개국 중에서 가장 큰 격차이다.[4] 남성을 우선시하는 채용 및 승진 문화가 여전히 존재하며 남성 중심의 가부장적 조직문화도 건재한 편이다. 기울어진 운동장이 유지되고 있지만 공적영역에서 이루어지는 여성할당제에 대한 비판이 강력한 힘을 얻기 시작했고, 여성가족부 폐지가 대통령선거의 주요 공약으로 부상하기도 했다. 여성은 채용 과정에서 결혼, 임신, 출산, 육아 등 개인적인 인생 계획에 대한 질문으로 자신의 취업 당락을 결정당하기도 한다. 이 때문에 여성은 남성보다 항상 더 적극적으로, 더 열심히 자신의 능력을 증명해야만 한다. 여성은 역사 속에서 계속 경제적 능력을 발휘했음에도 불구하고, 지금도 자신의 존재와 능력을 한국 사회에서 증명해야만 한다. 그렇지 않을 경우, '여자이기 때문에' 비난을 들어야만 한다. 여성은 남성이 옆에 있든 없든 언제나 '남성을 전제'하는 상황과 싸워야 한다.

이러한 상황이 지속되면서 2030 청년 여성은 대기업이나 IT업계 혹은 사무직 및 서비스직에 취업하는 대신 규모는 작더라도 자신이 원하는 사업을 하는 데 관심을 가지기 시작했다. 젊은 여성들은 남성중심적인 사업체에 임금노동자로 취업하여 비정규직 문제, 유리천장 같은 남성중심적 조직문화, 성별 임금격차, 그리고 결혼, 임신, 출산, 육아를 하면서 겪게 되는 성차별 등 신자유주의적이고 가부장적인 자본주의 시스템의 문제와 씨름하기보다는, 자신의 존엄을 지키며 적성, 꿈, 미래, 바람, 욕망을 위해 다양한 선택을 하고 있다.

특히 여성이 사업체 운영에 관심을 드러낸 배경에는 인터넷과 SNS의 발전이 있다. 인터넷과 SNS의 발전으로, 소자본으로도 다양한 사업을 시작할 수 있게 되었기 때문이다. 또한, 광란의 속도와 착취로 미쳐 날뛰는 자본주의하에서 자신의 속도와 가치관을 추구하며 대안적인 삶을 살고자 하는 바람도 반영되어 있다.

그렇다고 이 책이 여성에게 자영업이 임금노동의 대안이라고 주장하는 건 아니다. 여사장들과의 만남으로 여성이 경제 영역에서 어떻게 자신의 위치를 확보해왔는지 알 수 있었지만, 여성 자영업자가 겪는 어려움과 한계, 제약이 무엇인지도 분명히 알 수 있었다. 그리고 이는 여전히 유효한 이야기이다.

이 책에서는 다음과 같은 질문을 던지고자 했다. 하필이면 한국전쟁을 거치면서 여사장이 대거 등장한 이유는 무엇일까? 여사장이 될 수 있었던 여성은 누구였으며, 어떠한 산업 분야에 진출했는가? 남성중심적이고 가부장적이며 성차별적인 경제구조와 가족 환경에서 여사장은 어떻게 사업체를 이끌어갈 수 있었을까? 일찍이 한국전쟁 이후 사장이 되었던 여성이 산업화 시기를 지나면서 여성 기업인으로 성장하기 어려웠던 이유는 무엇일까? 또 성공할 수 있었던 여성은 누구이며, 그것이 가능했던 배경이나 조건은 무엇인가? 왜 여성의 노동과 경제활동은 생계와 가족부양 차원을 넘어서 공동체나 지역, 국가경제, 사회, 문화, 정치 등 다양한 측면에서 의미화되지 못하는가? 사업체를 운영한 수많은 여사장의 위치는 남성과 동일한 선상에 있는가? 아니라면 어디에 있는가? 더욱이 여성 교육자나 사회 활동가와는 달리, 경제적으로 성공한 여사장은 왜 여성학이나 역사학적 측면에서 논의되기 어려운가? 한국 사회는 여성의 사업체 운영이나 경제적 성공을 어떻게 바라보고 있으며, 왜 어떤 여성은 자신이 돈을 버는 것 자체를 부끄러워하거나 부정적으로 해석해야만 했는가?

한국 사회에서 장사하고 사업하는 여성에 대한 가부장적인 인식은 여사장으로서의 경제적 실천을 스스로 의미화하고 세대 간 여성의 경험을 공유하는 데 장애물이었다. 지금 여사장의 이야기를 하는 이유는 우리가 사는 이 시기 훨씬 이전에도 자신의 능력을 발휘하고 자신의 존재를 증명하며 사업체를 운영한 여성이 있었음을 기록하고, 이들이 어떻게 비가시화되고 삭제되었는지를 알리고자 함이다. 여사장은 일제강점기에 등장하기 시작했으며, 한국전쟁, 코로나19 팬데믹 등 특정한 국면을 기점으로 가시적으로 증가해왔다. 장사하고 사업하는 여성의 경험을 역사화하는 작업은 여성이 자신의 자영업 경험을 어떻게 이해 혹은 인식했는지, 이들이 겪은 어려움은 무엇이고 이를 해결하기 위해서 어떠한 시도를 했는지를 드러낸다는 점에서 의미가 있다.

여성이 노동시장에서 임금노동자로서 정당하게 평가받고 당당한 노동자로서 살아가는 게 중요한 것과 마찬가지로, 자신의 사업체를 운영하는 비임금노동자로서, 즉 자영업자로서 성차별적인 대우와 가부장적인 구조에 의해 제한받지 않고 자신의 경제적 능력을 제대로 그리고 충분히 발휘할 수 있도록 성평등한 환경을 조성하는 것 역시 중요하다. 한국 노동·경제사 연구는 직장이나 가정에서 행해지는 여성의 일과 노동에만 관심을 국한하지 말고, 독자적으로 자신의 경제적 영역과 작업 공간, 경제 세계를 구축하고자 했던 수많은 여성의 시도와 경험, 인식을 역사화해야 한다. 여전히 심각한 성별 업종 분리, 남성중심적이고 가부장적인 기업의 조직문화와 자본주의 경제위기 상황에서 대안적 경제와 삶을 모색하기 위해서는, 그리고 여성의 경제적 주체화 과정을 이해하고 확립하기 위해서는, 자영업이라는 여성의 경제적 실천에 대한 관심과 논의가 반드시 수반되어야 한다.

* * *

이 책은 여성 자영업자인 여사장의 등장과 전개 과정의 역사적 변화에 초점을 두면서 크게 세 부분으로 구성되었다. 1부 "한국전쟁이 '낳은' 여사장"에서는 한국전쟁을 거치며 여사장이 증가한 배경과 맥락을 살펴보았다. 여성들이 어떻게 자영업에 진출했으며, 그 과정에서 어떤 경험을 했는지를 구체적으로 조명했다. 여사장이 되어가는 과정뿐만 아니라, 산업화 시기를 지나면서도 여성들이 기업인으로 성장하지 못한 이유를 여사장의 구술 기록과 당대의 사회문화적 재현 분석을 통해 드러냈다.

특히 1950년대 등장한 여사장의 경제활동이 기존 젠더 질서를 위반하는 것으로 인식되면서, 이들이 어떤 어려움을 겪었는지 다루었다. 남성 중심이던 경제 영역에 진출하며 여성들이 사회와 가정에서 겪은 갈등과 고충, 그리고 이러한 과정에서 여사장의 경험이 비가시화되거나 기록에서 누락될 수밖에 없었던 측면을 살펴보았다.

2부 "여사장에서 여성 기업인으로"에서는 산업화 시기와 1980년대를 지나면서 규모 있는 사업체를 운영하는 여성 기업인이 등장한 양상에 주목했다. 여성 자영업자가 주로 진출한 산업 분야는 무엇이었는지, 이들을 부르는 용어가 어떻게 변화했는지, 그리고 여성 기업인들의 모임이 형성되는 과정도 함께 살펴보았다. 또한 한국 현대 경제사에서 여성 자영업자의 역할이 비가시화된 맥락을 밝히기 위해, 여성 자영업의 성별화된 역사를 드러내고, 여성들이 가부장적 젠더규범 속에서 자신의 경제적 실천을 어떻게 이해하고 의미화했는지를 논의했다.

마지막으로, 3부 "사장이 '되고픈' 요즘 청년 여성"에서는 최근 여사장이 되었거나 되기를 희망하는 청년 여성이 증가하고 있는 현상에 주목했다. 이들이 창업을 선택하는 배경과 맥락을 다층적으로 분석하며, 오늘날 여성의 자영업 진출이 어떠한 변화 속에서 이루어지고 있는지를 탐색했다.

『여사장의 탄생』이 출간될 수 있도록 도움과 용기를 준 분들에게 감사드리고 싶다. 우선 여사장의 경험을 역사화할 수 있도록 구술로 자신의 이야기를 나눠주신 여사장님들께 깊은 감사의 마음을 전한다. 이 책은 그분들의 경험과 이야기, 그리고 용기에 빚지고 있다. 한국전쟁 이후 여성의 양장점 운영과 '여성의 경제'로 박사논문을 쓰고 난 후, 한국 사회에서의 자영업, 특히 여성의 자영업에 대한 사회적, 학술적 관심이 매우 부족하다는 문제의식에서 출발해 이 책을 쓰게 됐다. 박사논문을 쓰면서 가진 문제의식을 여성 자영업의 역사화로 확장한 것이기에, 이 책에는 논문 집필에 도움을 주셨던 선생님들의 지도와 격려가 담겨 있다. 여성의 경험을 여성학적 관점에서 해석하고 한국 현대사라는 맥락 속에 위치시키고 의미화할 수 있도록, 그래서 조금은 새롭고 다른 연구를 할 수 있도록 논문 지도를 해주셨던 지도교수 김은실 선생님, 그리고 나의 문제의식이 한국 젠더 경제사를 쓰는 과정으로 이어질 수 있도록 자부심과 자신감을 심어주신 김현미 선생님, 학위를 마치고 경제사 연구에 진입할 수 있도록 길을 놓아주신 이명휘 선생님, 여성학 박사논문을 어떻게 써야 하는지 로드맵을 제시해주신 이은아 선생님, 과도하게 의미화하고자 하는 욕망을 덜어내고 좀 더 냉철하게 접근할 수 있도록 도움을 주신 김선혜 선생님께 진심으로 감사드린다. 그리고 이명휘 선생님의 소개로 박사과정을 마치고 한국 경제사 공부를 함께하며 큰 배움을 얻고 있는 산업사연구회의 여러 선생님께도 깊이 감사드린다. 인천여성생애구술사 프로젝트를 함께하며 페미니즘적·여성학적 역사 연구의 고뇌와 재미를 함께 나눈 김정란 선생님, 안태윤 선생님, 김영선 선생님께도 고마움을 전한다. 학문 공동체에 대한 고민과 외로움으로 몸서리칠 때 이화여자대학교 한국여성연구원에 적을 두고 학술 연구를 지속할 수 있도록 도와주시고 여성학에 대한 논의를 펼칠 수 있는 자리를 마련해주신 이은아 원장님, 최수영 선생님, 남승현 선생님께도 깊은 감사를 전한다. 더욱이 이화여자대학교 여성학과 공동체는 여성학 연구에 항상 큰 힘이 돼주었다. 그리고 자본주의와 페미니즘을 공부하고 있는 금융노동연구회 F의 여러 선생님에게도 감사를 전한다. 박사논문을 집필할 수 있도록 장학금을 지원해준 책방 이음의 조진석 대표님에게도 깊은 감사를 전한다. 위스

콘신대학교 매디슨캠퍼스에서 만난 것이 인연이 되어 역사·여성사 연구자로서의 고뇌와 일상을 나누고, 이 길을 지속할 수 있도록 응원과 조언을 아끼지 않은 배소연에게도 고마움을 전한다. 초고를 제일 먼저 읽고 언제나 그리고 여전히 빛나는 소감과 제안, 응원을 해준 나의 오랜 벗 김나연에게 고마움을 전한다. 하고 싶은 건 어떻게든 해내는 강한 의지와 욕망을 갖고 살아갈 수 있도록 해주신 든든한 나의 후원자이자 나를 인내해주신 부모님과 가족이 있었기에 지금의 내가 존재한다. 지금은 내 곁에 없지만 나의 최후의 보루였던 둥이가 있었기에 이 길을 걸어올 수 있었다.

첫 책 『명동 아가씨』를 내고 결코 짧지 않은 세월이 흘렀지만 다시금 책 출간을 권해주신 정은숙 사장님, 출간 과정을 함께한 황서영 편집자님께 깊은 감사의 마음을 전한다.

끝으로 작년 겨울에 소천하신 임형선 선생님이 그동안 나에게 보내주신 사랑과 응원이 있었기에 여성사 연구를 지속할 수 있었다. 진심으로 감사드린다.

지금은 여성의 자영업을 통한 경제적 실천이 그 어느 때보다도 다양한 방식과 형태로 활발하게 이루어지고 있다. 이러한 현실에서, '여사장의 탄생'에 대한 관심과 논의가 확장되고 심화되기를 기대한다. 이 땅의 수많은 여사장과, 앞으로 여사장이 되고자 하는 여성의 삶에 행운이 깃들기를 바란다.

2025년 3월

김미선

차례

여성 자영업을 비롯해
한국 사회의 자기 고용과 자영업에 대한
논의를 본격적으로 시작할 때이다.

일러두기

1. 잡지·신문 등의 매체명은 《 》로, 영화·연극·강연 등의 제목은 〈 〉로, 책 제목
   은 『 』로, 논문·기사·단편·희곡 등의 편명은 「 」로 묶었다.

2. 기사나 기고문 등을 인용한 경우 원문 표기를 살리되, 띄어쓰기는 현재 기준
   에 따랐다.

3. 본문의 굵은 글자는 저자의 강조이다.

4. 이 책은 역사적 맥락을 충실히 반영하고 역사 속 개인을 생생히 호명하고자,
   당대에 대중적으로 통용된 언어를 그대로 실었다. '여사장', '전쟁미망인' 등의
   용어는 차별적 의미를 내포한다고 볼 수 있으나, 이는 해당 용어가 사용되던
   시대적 배경과 언어적 환경을 고려한 서술 방식임을 밝힌다.

여사장, 찾고 만나고 듣고 기록하기

한국 현대 경제사 속 잊힌 존재, 여사장

지금까지 한국 사회에서 여성은 다양한 방식으로 노동을 담당하며 경제에 참여해왔다. 많은 여성학자가 기존의 근대적이고 남성중심적인 노동 개념을 비판하면서 성차별적인 노동시장을 문제화하고, 보이지 않았던 여성 노동인 가사노동, 돌봄노동, 감정노동 등을 드러내고 의미화했다. 여성학 논의에 의한 이런 변화에도 불구하고, 여전히 자기 고용을 하며 자신의 상점이나 사업체를 운영하는 여성 자영업과 이를 실천하는 여성 자영업자는 제대로 다뤄지지 않고 있다.[1] 한국전쟁과 산업화와 같은 특정한 정치·경제적 맥락 속에서 다양한 규모의 사업체를 운영하는 여사장이 등장했다. 산업화 시기 사업체 운영에 진출한 여성 중에는 드물지만 지속적으로 경제활동을 하면서 여성 기업가 혹은 여성 경제인으로 경제 분야에서 일정한 역할을 한 이들이 있었다. 여성 자영업자가 충분히 논의되지 않았던 이유, 다시 말해 이들의 존재가 가시화되지 않았던 이유는 산업화 시기와 선진국에 진입한 이후 시기의 주류 담론이던 경제성장과 발전을 우선하는 시각에서, 자영업에 진출한 여성의 경험은 주목할 만한 것으로 여겨지지 못했기 때문이다. 국가 단위의 경제성장을 주요하게 여기는 프레임은 경제정책을 수립하는 정책입안자는 물론, 한국 현대 경제사를 연구하는 학자 사이에서도 지배적이었다.

여성 자영업자는 상당수가 내수 부문에 위치했기 때문에, 수출 위주의 경제성장 담론에서는 관심의 대상이 될 수 없었다. 국가 단위, 수출 위주의 성장과 발전 프레임에 가려진 여성의 소규모 사업체 운영과 이에 따른 내수 영역은 국가경제에서 의미 있는 것으로 여겨지지 않았다. 많은 페미니스트 학자가 지적했듯이, 이러한 국가경제 성장 프레임은 남성중심적이고 자본주의적 가치를 기반으로 한다. 지금도 한국 경제를 논의할 때 내수보다는 수출을, 자영업자보다는 임금노동자를, 삶의 사회적 재생산social reproduction과 지속 가능성sustainability보다는 성장과 발전을 우선시한다. 이로 인해 여성의 자영업 운영은 임금노동과 비교할 때 국가경제와 더 무관한 것으로, 사적영역에서 행해지는 가사노동과 마찬가지로 국가경제에 기여하지 않는, 그저 개인이나 가족의 생계 경제로 여겨졌다고 해도 과언이 아니다. 여성의 자영업은 여성 개인을 위한 경제적 자립 혹은 기껏해야 가족의 생계를 위한 것으로 이해되면서 학술적 관심의 대상에서 벗어났다. 다시 말해, 국가경제와 무관한 것으로 '보이는' 여성의 자영업은 국가, 산업화, 대량생산과 수출, 전 지구적 자본주의 관점에서 주목받기 어려웠다.

더욱이 산업화 시기 박정희 정권의 경제정책이 생산과 수출 중심으로 전개되면서 도소매업 등의 유통산업과 서비스산업에 대한 국가정책적 관심이 부재했다.[2] 이로 인해 여성 자영업자가 주로 진출한 유통과 서비스산업에 관한 통계자료가 제대로 생산되지 않았다.[3] 산업화 시기 경제정책을 집행한 정부는 물론, 한국 경제사에 관한 학술적 논의도 생산과 수출 위주로 이뤄져, 여성 자영업은 배제될 수밖에 없었다. 그렇게 1950~1970년대 소규모 사업체를 주로 운영한 여성의 자영업은 정부의 정책에서도 학술 연구에서도 부재하는 '이중의 배제'에 놓인 것이다.[4]

여성의 자영업이 논의되지 않았던 또 하나의 중요한

배경은, 노동 연구에서 마르크스주의 관점이 여전히 강력하게 자리한다는 사실이다. 노동 연구의 근간인 마르크스주의에서 프티부르주아petit bourgeoisie에 해당하는 자영업자는 생산수단을 소유했기 때문에 노동자가 아닌 부르주아로 이해되고, 자본주의의 발전 단계에서 사라질 계급으로 여겨졌다.[5] 이러한 이론적 관점에서 소규모 사업체를 운영하거나 점포를 운영하는 여성 자영업자는 산업의 전개 과정에서 언젠가는 사라질 존재이므로 주목할 필요가 없었다. 앞서 언급했듯이 한국 현대 경제사를 연구하는 경제사학자나 역사학자들은 주로 대기업을 주목해왔다.

한편으로 여성 노동 연구는 가부장적이고 자본주의적인 세계에서 종속적, 주변적 위치에 놓인 여성 노동자의 임금노동이나 전업주부의 가사노동을 연구하는 데 많은 관심을 기울여왔다. 마르크스주의 관점에서 자본가, 즉 생산수단을 소유한 존재는 남성이라는 인식 역시 지배적이었기 때문에 생산수단을 소유한 여성은 연구 대상으로 주목받기 어려웠다. 더욱이 여성 자영업자의 상당수가 중·소규모의 기업이나 그보다도 더 작은 1인 사장 체제로 사업체를 운영했기 때문에 그 경제적 실천과 역사적 의미가 다뤄지기 힘들었다. 여성은 전통사회에서 산업화과정으로 전환될 때에도 공장과 같은 대량생산체제의 근대산업에 진입하기보다 전통적인 방식의 노동에 종사하기를 선호하는 경향이 있었다. 집과 멀리 떨어진 공장에 출퇴근하며 임금노동을 하는, 산업적 생산양식의 노동환경에서는 살림과 자녀 양육 등의 재생산 활동을 병행하기 어렵기 때문이다. 그렇기 때문에 기혼 여성은 공장이나 회사와 같은 공식 영역보다는 비공식 영역에서의 노동을 선호하게 된다.

이러한 점에서 여성 노동사가로 유명한 루이스 틸리와 조앤 스콧은 공장 노동과 산업화에 집중된 여성 노동 연구가 한계적일 수 있다고 지적한 바 있다.[6] 한국 여성의 노동 경험에 천착한 연구를 해온 여성학자 조순경 역시 취업한 여성 중에는 시장 노동보다 근대화 과정에서 등장한 자영업이나 무급으로 가족노동에 진출한 여성 무급가족종사자*가 많은 비율을 차지했다고 강조했다.[7] 따라서 여성의 무급가족노동을 비롯한 자영업을 간과하는 것은, 한국 여성 다수의 노동 현실과 괴리된 연구 결과를 초래할 수 있다는 우려와 비판이 제기되었다.

---

*   사업체나 농장 등을 운영하는 사람의 가족이나 친인척으로서 보수를 받지 않고 해당 사업체 등의 정규 근로시간의 3분의 1 이상 근무하는 사람.

'여사장'은 누구인가?:
여성 자영업자, 여성 사업가, 여성 기업인

여성 자영업자의 역사를 다루기 위해서는 용어에 대한 개념 정리가 필요하다. 우선 정부에서 실시하는 통계 조사인 〈경제활동인구조사〉에서 자영업자의 정의를 확인할 수 있다. 〈경제활동인구조사〉에서 경제활동인구는 크게 취업자와 비취업자로 구분되고, 취업자는 임금노동자와 비임금근로자로 세분화된다. 그리고 비임금근로자는 다시 자영업자와 무급가족종사자로, 자영업자는 고용원이 있는 경우와 고용원이 없는 경우로 구분된다.[8] **자영업자는 종사상의 지위를 지칭하는 용어로, 임금노동이 아닌 경제활동을 하는 자, 즉 자기 고용을 통해서 사업체를 운영하는 사람을 뜻한다.**[9]

자영업자는 개인사업자로 소득과 부채가 모두 개인의 것인 반면에, 법인사업자는 주주들이 자본을 출자해 설립한 법인격 사업자이다. 엄밀한 의미에서 자영업자는 법인설립을 하지 않은 사업체를 지칭하며, 개인이 사업 주체이자 사업체를 대표한다. 이 외에도 상법에서는 기업을 개인기업과 회사기업으로 구분한다.[10] 개인기업은 개인(자연인)이 운영하는 기업이고 이것이 바로 자영업이다. 그리고 회사기업은 회사(사단법인의 일종)가 운영하는 기업이다.[11] 세법에서는 사업자를 개인사업자와 법인사업자로 구분하는데, 개인사업자가 바로 자영업자이다. 소기업small business 혹은 영세기업은 규모가 상대적으로 작은 기업을 뜻하며 평균 매출액을 기준으로 구분된다. 소상공인은 소기업 중 소상공인 기준을 충족하는 기업을 뜻하는데, 상시근로자 수가 그 기준이 된다. 광업, 제조업, 건설업, 운수업은 상시근로자가 10인 미만일 때, 그 밖의 업종은 5인 미만인 경우에 소상공인으로 분류된다. 소상공인은 생업적 색채가 농후하고 가족노동에 많이 의존하여 규모가 더욱 영세한 소기업을 뜻한다. 직원의 수나 매출액의 규모에 따라 자영업자는 소상공인이나 소기업에 해당되기도 한다.[12]

이 책에서 '자영업자'라는 용어는 비임금노동자를 지칭하며, 고용원이 없는 소규모의 생계형 자영업과 고용원이 있는 일정한 규모의 자영업을 운영하는 자를 통칭한다. 일반적으로 한국 사회에서 자영업자라는 용어는 자신과 가족의 생계를 위한 소규모 자영업에 종사하는 사람을 의미하는 경향이 강하다. 하지만 이 책에서는 앞서 살펴본 〈경제활동인구조사〉의 정의를 기반으로, 자기 고용이라는 경제적 실천을 하는 이들을 고용원의 유무와 관계없이 자영업자로 지칭하고자 한다.[13] 따라서 여성 자영업자는 자기 고용을 통해 경제활동을 하는 취업 여성이자 비임금노동자를 의미한다. **즉 이 책에서는 규모, 직원의 유무에 상관없이 자기 고용을 통해 사업체를 운영하는 경제활동을 '자영업'으로, 그리고 이러한 경제활동을 하는 여성을 '여성 자영업자'라고 정의한다.**

또한 이 책에서는 이러한 여성 자영업자를 여성과 사장이 합쳐진 표현인 '여사장'으로도 부른다. '여성 자영업자'가 정책적, 학술적 성격이 짙다면, '여사장'은 대중적 성격이 짙다. '여사장'이라는 표현은 일제강점기에 대중매체에서 사용될 정도로 이미 예전부터 대중적인 용어였다. 여성 자영업자를 이처럼 일상적으로, 당대의 맥락에서 사용하기 위해 여사장이라는 용어를 사용했다. **여성 자영업자를 '여사장'으로 호명하는 것은 '여성 자영업자'라는 존재를 보다 더 가시적으로 드러내기 위함이다.** '사장'이라는 용어 이외에도 '주인', '업주'라는 말이 한국전쟁 이후 비슷한 의미로 사용되었다는 점에서, 필요에 따라 이러한 용어도 병행해 사용했다.

그렇다면 여사장이라는 표현은 사업가나 기업인이라는 용어와는 어떤 차이가 있을까. 일반적으로 **사업가**事業家, businessman는 영리를 목적으로 기업에 자본을 대고 그

기업의 경영을 담당하는 사람, 사업을 계획하여 회사를 설립하는 일을 직업으로 하는 사람, 사업체를 경영하는 사람 등 기업인, 투자자, 경영자를 포괄하는 넓은 범위로 해석될 수 있다. 우리가 흔히 사용하는 생계형 영세 자영업자도 사업가에 포함된다. **기업인**企業人, entrepreneur 이란 기존에 존재하지 않았던 가치와 일자리를 만드는 사람을 뜻한다는 점에서 사업가의 범주에 포함된다. 이러한 용례를 고려하여, 자기 고용을 실천하고 경제적 소득을 얻는 법인사업자도 논의에 포함했다. 이는 여성의 자영업을 소규모로 전제하는 경향을 문제적으로 드러내고, 규모의 차이가 갖는 젠더적 의미를 비판적으로 논의하기 위함이다. 그러므로 이 책에서는 **여성 자영업자, 여사장, 여성 사업가는 동일한 의미를 가진 용어**로 사용한다. 여성 기업가 혹은 여성 기업인은 규모가 큰 사업체를 운영하는 여성을 지칭한다.

마지막으로 오늘날 청년 여성의 자기 고용을 이해하기 위해 창업, 벤처기업, 스타트업에 대해서 정리할 필요가 있다. 창업은 자신의 돈으로 또는 대출을 받아서 새로운 사업을 시작하는 것을 뜻한다. 흔히 기업가정신 entrepreneurship을 갖춘 개인이나 집단이 사업 기회를 포착하여 사업 목표를 설정하고 이에 따른 자본, 인력, 설비

를 확보하여 사업을 시작하는 것을 의미한다. 창업은 말
그대로 새로운 업종을 창조하거나 기존의 업종을 새로
이 창조하는 것이다. 이에 창업은 흔히 얘기되는 개업과
구분된다. 벤처기업venture company은 창조적 아이디어와
첨단기술을 바탕으로 도전적인 사업을 운영하는 중소기
업을 말한다.[14] 그리고 스타트업start-up은 설립한 지 오
래되지 않은 벤처기업을 뜻한다. 스타트업이라는 용어
는 닷컴버블dot-com bubble 이후 등장했는데, 당시에는 닷
컴 회사를 지칭하는 의미로 쓰였다.

일반적으로 '개업'이 기존에 이미 알려진 업종의 사업
체를 운영하며 매출 소득에 집중한다면, '창업', 영어로는
벤처 또는 스타트업은 아직 발견되지 않은 시장과 사업
모델을 새롭게 만들어낸다. 특히 스타트업은 일반적인
기업과 달리 투자·유치를 받는다는 점에서 차이가 있다.

여성 자영업자의 비율과 그 수는
어느 정도인가

현재 한국 사회의 취업인구 중 여성 자영업자의 수와
그 비율은 어느 정도일까? 비임금노동자의 성별 비율을

살펴보면, 2024년 8월 비임금노동자는 총 665만 7천 명이며, 남성 409만 5천 명, 여성 256만 2천 명이다. 이 중에서 자영업자의 총수는 574만 5천 명으로, 남성 396만 3천 명, 여성 178만 3천 명으로 남성이 여성보다 약 두 배 많다. 그리고 고용원이 있는 여성 자영업자가 40만 9천 명, 고용원이 없는 여성 자영업자가 137만 4천 명이다. 여성의 소규모 자영업, 즉 1인 사장이 고용원이 있는 자영업자보다 세 배 가까이 많은 것을 확인할 수 있다. 그 외 여성 무급가족종사자는 78만 명이다.[15] 고용원이 있는 경우와 없는 경우로 구분하면, 여성이 남성에 비해 고용원이 없는 경우가 훨씬 많다는 것을 알 수 있다. 다시 말해 여성의 경우 고용원이 없는 소규모 자영업을 운영하는 경우가 상당수이다.

여성 취업자를 중심으로 여성 자영업자의 역사적 변화를 1957년 시행된 〈노동력조사〉를 통해 살펴보면 다음과 같다. 1955년 여성 자영업주는 44만 2천 명이었으며, 1957년 자영업주 36만 5천 명, 고용자 17만 5천 명, 1961년 자영업주 46만 1천 명, 고용자 18만 8천 명이다.[16] 그리고 1966년 여성 자영업주가 57만 명이다. 1970년 〈인구총조사〉에 나타난 종사상의 지위를 통해 여성 자영업자의 비율을 살펴보면 다음과 같다. 여성의 총취업자 수는 357만 4916명이고, 단독자영업자 59만 9702명, 고용주 3만 1197명, 무급가족종사자 186만 2087명이다. 단독자영업자와 고용주를 합한 수는 63만 899명으로,[17] 여성 취업자 중 자영업자는 약 **33.9퍼센트**이며, 무급가족종사자까지 포함하면 자영업 분야에서 근무하는 여성은 **69.7퍼센트** 가까이에 이른다.

1980년 〈인구총조사〉에 따르면, 여성 취업자의 수는 463만 8023명으로 그중에서 여성 고용주 6만 8787명, 여성 자영업주 84만 9389명, 무급가족종사자 199만 480명이다.[18] 여성 고용주와 자영업주를 합치면 91만 8176명으로 **19.7퍼센트**, 무급가족종사자까지 합치면 **62.7퍼센트**이다. 한국 현대 경제사에서 여성의 임금화가 지속적으로 전개되어왔음에도 불구하고, 1950~1980년대 여성의 경제활동이 자영업 영역에서 절대다수, 혹은 절반 이상의 비율을 차지했음을 알 수 있다.[19]

다음 표는 여성 취업자의 종사상 지위별 분포의 역사적 변화를 단적으로 보여준다. 1980년 여성 임금근로자가 39.4퍼센트로 비임금노동자인 자영업자 46.4퍼센트보다 더 낮은 수치를 보이며, 1990년을 지나면서 56.8퍼센트를 넘어선다. 이로써 1980년대 이전까지 여성의 자영업이 임금노동보다 더 높은 비율을 차지했음을 알 수 있다.[20]

여성 취업자의 종사상 지위별 분포의 변화

(단위: 퍼센트)

구분	1960년	1970년	1980년	1990년	2000년	2010년	2020년
고용주	14.4	21.0	23.2	2.7	3.0	3.3	14.0
자영자	14.4	21.0	23.2	16.0	16.2	12.9	
무급가족종사자	81.4	51.2	37.3	24.6	19.2	10.9	7.7
임금근로자	4.2	29.0	39.4	56.8	61.5	72.9	78.3
계	100.0	100.0	100.0	100.0	100.0	100.0	100.0

통계청, 「경제활동인구연보」, 각 연도.

고용주는 고용원이 있는 자영업자, 자영자는 고용원이 없는 자영업자를 뜻한다. 1960~1980년에는 고용주와 자영자를 포괄하여 자영업자라는 통계 범주를 사용하였으나 1990년부터는 두 범주가 분리되어 제시된다. 2020년 자료는 「2020년 경제활동인구연보」에서 확인 후 추가했다.

또 2000년대 이후 자영업이 임금노동에 비해 그 비율이 감소했다고 하더라도, 지역별로 살펴보면 수도권에서 지방으로 갈수록 자영업의 비율이 더 높아진다. 2022년 자영업의 전국 평균 비율은 20.1퍼센트이지만 광역시와 특별시를 제외한 자치단체의 평균 비율은 전국보다 대부분 높아 20~30퍼센트를 차지한다.[21] 이는 한국 경제가 임금노동을 크게 주목해왔으며, 그로 인해 자영업에 종사하는 여성의 경제활동이 상대적으로 얼마나 비가시화되었는지 보여준다. 더욱이 자영업에 대한 무관심은 여성은 물론 지역에서의 경제활동도 비가시화하는 결과를 초래할 수 있다.

그동안 자영업은 개인의 경제적 이익을 목적으로 한다고 여겨지면서 국가에 의한 정책적, 제도적 지원이 필요하다는 사회적 공감을 얻지 못했다. 다만 선거공약으로서나 경제위기로 인해 생계를 유지하는 것조차 어려운 상황에 한해 정부의 정책적 지원의 필요성이 인정되었다.[22] 하지만 한국 경제사학자 이종현은 자영업 소상공인이 "한국 경제의 성장사 전반에서 실패의 비용을 흡수한 거대한 저수지의 역할" 혹은 경기 하락기에 "잉여노동력을 흡수해 실업을 방어하는 역할"을 했다고 평가했다. 그러면서 "국가 주도의 시기에 제도권 밖에 방치된 시장에서 이들은 국가경제의 모세혈관 기능"을 실천했다며 경제사적 의미를 부여했다.[23] 하지만 이러한 해석은 여전히 국가 중심의 경제와, 성장과 발전의 패러다임에서 벗어나지 못한다. 자영업을 대량생산과 수출 위주의 국가 경제성장을 위한 종속적 위치에서만 볼 수 있는가? 혹은 그렇게 접근하는 것은 적절한가?

그러므로 여성 자영업의 역사적 경험을 살펴보기 위해서는 성장 및 발전과는 다른 접근과 프레임이 필요하다. 이는 한국 현대 경제사에서 여성 자영업자의 존재를 확인하고 가시화할 뿐만 아니라 경제적, 사회적 역할을 새롭게 의미화하는 과정이 될 것이다.

1 한국전쟁이 '낳은' 여사장

장사하는 여성의 등장:
자영업의 시작

"전쟁이 아니었다면, 이 여성들이
'여사장님'이 되는 일은 없었을지도 모른다."[1]

3년간 치러진 한국전쟁으로 인한 가난과 배고픔이 당시 한국 사회를 뒤덮었다. 한국전쟁은 농사를 비롯해 생존을 위한 일상의 모든 경제활동을 멈추도록 만들었다. 피난길에 나선 사람들은 먹을 것, 입을 것 등 다양한 구호물자를 받아 생존해야만 했다. 한국전쟁은 사람들에게 동족상잔의 비극인 동시에 생존의 위기를 초래한 역사적 사건이었다.

이런 상황에서 먹고사는 문제를 해결하기 위해 여성이 적극적으로 뛰어든 것이 바로 장사였다. 다시 말해 한국전쟁이 장사하는 여성을 양산했다고 해도 과언이 아니다. 한국전쟁을 계기로 장사에 뛰어든 여성들이 등장하면서 전후 사회에서는 더 많은 여성이 장사에 진출했다.[2] 나아가 일정한 금액의 자본금을 마련한 일부 여성들은 본격적으로 점포나 작업장을 운영하는 여사장이 되어갔다.

여성을 장사로 내몬
한국전쟁과 경제위기

한국전쟁의 발발로 가정 내 남성이 부재하자 여성과 남아 있는 가족은 심각한 경제적 위기를 맞았다. 전쟁은 필연적으로 남성을 대규모 동원한다. 한국군은 창설 당시만 해도 5만여 명이었으나 전쟁을 거치면서 약 70만 명의 대군으로 성장했다. 또 전쟁 과정에서 노무 동원이 광범위하게 전개되었는데, 노무에 동원된 남성들은 대부분 한 가정의 가장이었다. 더욱이 전투에서 수많은 동원 노무자가 사망했다. 노무 동원으로 인한 인적 피해는 고스란히 남아 있는 여성에게 떠넘겨졌다. 결국 후방에 남겨진 가족은 생계 문제를 겪어야 했는데, 노동집약적인 방식으로 농사를 짓는 농촌에서 남성이 없는 현실은 심각한 문제를 낳을 수밖에 없었다. 즉 노무 동원과 군사 동원은 주로 통제가 편리한 농촌 출신을 대상으로 이루어졌기 때문에, 가장의 갑작스러운 징집으로 남겨진 여성은 노동력을 상실해 직접 농사를 지어야 하는 상황으로 내몰렸다. 이 때문에 부인들은 생활고를 견디지 못하고 구걸을 하기도 했으며 결국 집을 나가 고된 노동으로 객사하기도 했다. 전쟁과 남성의 동원은 자의든 타의든 가정과 사회에서 여성의 역할을 확대하는 계기가 되었다.

결과적으로 많은 여성이 전쟁과 동원으로 인해 남편, 아들, 아버지를 잃었고 상이군인이 된 남성의 돌봄이라는 책임도 떠안게 되었다. 전쟁으로 인한 새로운 역할은 계층에 관계없이 모든 여성에게 혹독한 시련이었다. 전쟁으로 남편을 잃은 '전쟁미망인'의 생계는 더욱 시급한 문제였다.[3]

한국전쟁이 끝난 후 전후 경제는 미군정기보다 더 악화되었는데, 전쟁으로 인해 산업과 생활 기반 모두 심각한 피해를 입었기 때문이다. 산업 시설의 파괴는 실업자를 크게 증가시켰으며 월남한 피난민까지 더해져 남한사회의 실업난은 더욱 가중되었다. 전후 경제는 미국에 의한 원조 경제로 전개되었는데, 초반에는 의류를 비롯해 식료품이나 의약품 등 소비재 중심의 구호 원조가 전개되다가, 이후 재건을 목표로 1954년부터 경제부흥 원조로 전환되었다. 당시 정부의 경제정책은 면방·제당·제분 등 삼백산업을 중심으로 특정 기업에 혜택을 주는 방식이었으며, 자본주의 경제체제가 형성된 시기였다. 전후 한국 정부는 국가경제 보호를 위해 수입 대체 공업화를 추진했고 국내에서 생산되지 않던 공산품을 생산하는 국내 제조업을 육성했다.[4]

하지만 전쟁으로 인한 혼란과 무질서로 생존의 위기를 맞은 여성들은 이승만 정부의 경제정책으로는 삶의 위기를 해결하기 어려웠다. 전쟁이 끝나고 난 뒤 여성들을 기다리고 있는 것은 폐허가 된 삶의 터전과 남성의 죽음으로 인한 노동력의 부재였다. 그리고 정치적 이념 갈등으로 서로에게 등 돌린 마을공동체와 어린 자녀를 포함한 남겨진 부양가족이었다.[5] 여성은 부재하는 아버지, 남편, 아들 등 남성 가족의 빈자리를 채워야만 했으며, 남아 있는 가족의 생계를 책임지면서 살길을 마련해야만 했다.

아버지와 남편 등 남성과의 관계 속에서 여성의 위치가 결정되던 시대에 여성이 가족의 생계를 책임지는 것은 결코 쉬운 일은 아니었다. 결국 전후 여성은 전쟁으로 심각한 피해를 입었고 경제적 위기를 맞았다. 생계와의 '전쟁'이 시작된 것이다. 생계 위기를 해결하기 위해

고를 수 있는 선택지가 많지 않은 상황에서 여성에게 장사와 같은 상업은 비교적 쉽게 시작할 수 있는 생존 방법이었다.[6]

사업 수완을 발휘하며
숨어 있던 능력 펼쳐

한국전쟁에 의한 위기는 남성중심적이고 가부장적인 사회에서 여성이 드러낼 수 없었던 자신의 능력, 특히 사업적 수완을 발휘할 수 있는 기회가 되기도 했다. 한국전쟁 시기 남성의 부재로 가족의 생계를 책임져야만 했던 여성은 전쟁의 피해자이자 희생자로 이해되어왔다. 한국전쟁이 여성을 피해자 혹은 희생자로 만들었던 것은 자명한 사실이다. 그러나 이와 동시에 일부 여성에게는 심각한 경제위기 상황에서 생계를 위해 자신의 능력과 감각, 사업적 수완을 펼칠 수 있는 가능성이 열리기도 했다.

전쟁은 여성이 남편과 아버지, 오빠 등을 대신해 가족의 생계를 부양하겠다는 강한 책임감과 의지를 갖도록 만들었다. 이종수는 일제강점기 만주 안동에서 이주 생활을 하다가 해방 후 부산에 정착한 뒤로, 장녀로서 가족의 생존을 위해 적극적으로 생활했다. 일본 유학까지 다녀온 아버지가 해방 이후, 특히 한국전쟁 발발 이후 무기력한 모습을 보이거나 가족보다는 정치문제에 관심을 기울이는 모습을 보며 더욱 책임감을 느꼈다.

> 어쨌든 이건 해야 우리가 산다. 앞으로 내가 독립을 하고 아버지 어무니를 해놔야, 내가, 아, 그거 한다. 그런 생각이 들었지 않나 싶어요. (…) 하여튼 이 사는 게 뭐라? 생활이라 하는 게 뭐라? 어떻게 그렇게 심어줄라고 해도 못 심어줄 거야. 일선에서 그러고 있으니까 자연히 생활력이 강해지지 않았나 이런 생각이 들어요.

이종수[7]

이종수는 만주 안동에서 지낼 때부터 장녀로서 아버지를 도우며 경제활동을 시작했다. 이종수의 가족은 일제강점기 당시 교사인 아버지를 따라 만주 안동으로 이주했으며, 해방과 함께 부산으로 귀국했다. 만주에서 안동 고등여학교를 다니는 동안 일본인 여교사에게 양재 기술을 배운 이종수는 부산에 정착한 뒤 당장의 생계가 막막한 가족을 위해 간판도 없이 양장점 운영을 시작했으며, 이어서 양재전문학원도 시작했다. 그러던 참에 한국전쟁이 발생했다. 임시 수도인 부산에 있었던 이종수에게 한국전쟁은 큰돈을 벌 수 있는 기회였다. 그는 음악 전공으로 일본 유학을 다녀온 아버지와 양장점의 단골이던 여성 고객의 도움을 받아 미군부대에 포로복을 납품하는 사업권을 따냈다. 이종수가 포로복 납품 과정에서 만난 관계자들 대부분은 남성이었다. 포로복 납품 과정이 손쉽게 이뤄진 것은 아니었는데, 미군부대까지 찾아가 미군 담당자와 협상을 하고 담판을 짓는 등 일이 성사되도록 노력한 그는 자신의 행동에 대해 "배짱이 좋았다"라며, 여성으로서 상당히 자랑스러워했다. 포로복 납품 사업은 그가 자신의 사업적 수완과 능력을 최대한 발휘한 일이었다. 배짱 좋고 사업 수완이 있는 것은 남성들이라고 여겨졌는데, 여성에게 쉽게 기대하지 못하는 그런 자세를 갖고 있었기에 성공할 수 있었다는 것이 이종수의 생각이다.

포로복을 납품하고, 납품서를 가져가면은 은행에서 돈을 줘. 지금도 안 잊어버리는 게 돈도 왜 그렇게 천해요! 많이 들어오니까. 1천 666만, 잊어버리지도 안 해. 그것을 네 번인가 다섯 번 탔는데, 여기 자루에다가 넣어갖고 발로 디디고 와. 돈을 발로 디디고 왔다니. 그 생각을 하면 참 돈도 귀중하기도 한데 천해요. 이 생각이 다 들더라고.

이종수[8]

이종수는 미군부대에 포로복을 납품하고 받은 돈이 너무나 많아 지프차에 돈다발을 담은 여러 개의 자루를 싣고 이것을 발로 디디고 올 정도였다고 기억한다. 부산 바닥에서 "야, 이종수가 돈 벌었다"라는 소문이 파다하게 날 정도로, 포로복 납품으로 상당한 규모의 돈을 벌었다고 한다. 포로복 납품을 하여 번 돈으로 이종수는 부모님께 집과 자동차를 사 드렸으며, 전쟁이 한창이던 1951년 1월에 부산에서 결혼식을 올렸다.

미용사였던 임형선 역시 한국전쟁으로 갑작스레 어린 딸을 데리고 부산으로 피난을 떠나야 했으며 '빨갱이'로 오해를 받아 경찰서로 연행이 되는 등 위기를 겪기도 했다. 아픈 딸을 돌보고 전쟁으로 인한 경제적 고통을 느끼며 자살을 마음먹었던 순간도 있었다. 하지만 그토록 고통스러운 순간이었던 한국전쟁은 아이러니하게도 그가 그동안 쌓아왔던 미용 기술을 창의적으로 발현할 수 있는 새로운 기회의 장이기도 했다. 맨손으로 도착한 피난지 부산에 머물면서 서울에서 피난 온 부잣집 여성에게 매일같이 머리를 해주었으며, 파마약을 개발하고 새로운 헤어스타일을 만들어냈다. 이로 인해, 돈 한 푼 없이도 뛰어난 미용 기술만 있다면 경제적 위기를 극복할 수 있다는 값진 깨달음을 얻게 되었다.

석 달 일하니까, 용두산에 하꼬방 판잣집이 사지더라고. 방 두 개, 부엌 하나 있는 거 사지더라고……. 판잣집이래도 영도 다리도 보이고 아주 경치가 참 좋았어……. 정말 빈몸으로 와서 석 달만에. 교수들도 부둣가에서 노동을 하는 판에. 일개 미용원 주인이 석 달 일하고 용두산에 집 산대는 거는 이거는 아주 굉장한 거예요. 지금하곤 달른 거예요……. 그래서 거기에서 아, 참 내가 기술자 된 거가 너무너무 감사하다. 소개해준 김성표 선생님한테 또 한 번 감사하고, 정말 눈물 날 정도로…… 너무 감사했어요……. 내가 기술자가 된 거를 내가 감사하다. 얼마나 오(엽주) 선생이 감사해. 거기서 내가 무보수로 일도 하고 고생은 했지만은 하여튼 거기서 일류 미용사가 됐으니까. 내가 기술자가 된 거에 대한 감사한 것도 처음으로 알게 되고.

임형선[9]

임형선은 부산에서 동업으로 미용실을 차리기도 하고 목욕탕에 임시로 미용실을 여는 등 여러 차례 개업과 폐업을 반복했지만, 전시 동안 열심히 일하고 아껴서 모은 돈이 환도할 당시에는 115만 원이나 될 정도였다. 이를 계기로 임형선은 여성도 성공할 수 있다는 강한 자신감을 갖게 되었다. 전쟁은 여성에게 혹독한 시련이기도 했지만, 다른 한편으로는 여성들 스스로 새로운 역할을 향해 자신의 잠재력을 꽃피울 수 있는 계기가 되었다.[10]

이와 같이 한국전쟁으로 초래된 경제적 위기 상황에서 여성이 자신의 능력을 발휘할 수 있었던 것은, 일제 강점기에 배운 근대 교육으로 자신이 가진 자원과 능력을 활용해 위기를 기회로 만들었기에 가능했다. 이는 전시에 발휘된 여성의 기업가정신이라고도 할 수 있을 것이다. 물론 이종수와 임형선의 경우는 일제강점기에 양재 기술과 미용 기술을 익힐 수 있었다는 점, 그리고 주변에 자신을 도와줄 수 있는 사람들과의 관계망이 상당히 탄탄했다는 특징이 있다. 그러므로 한국전쟁은 한국 사회에서 수많은 사람에게 죽음과 악몽 같은 고통을 남겼지만, 이와 동시에 일부 여성에게는 여성의 제약을 넘어서 새로운 시도를 할 수 있는 장이기도 했다. 한국전쟁을 거치면서 여성은 가부장적인 질서가 강력하게 작동하던 이전 시기와는 커다란 차이를 경험하게 되었으며, 자신의 노력을 통해 새롭게 무엇인가를 만들어낼 수 있다는 것을 깨닫기 시작한 것이다.

더욱이 한국전쟁으로 인해 장사나 사업에 뛰어든 여성은 남성에게 경제적으로 의존하던 상황에서 벗어나 경제적으로 독립할 수 있었을 뿐 아니라 그러한 경제활동으로 자신의 주체성을 가질 수 있었다. 가부장적인 가족관계의 통제에서 벗어난 여성은 자기 주도적이고 자율적인 방식으로 자영업을 이끌 수 있었다. 이들이 진출한 장사나 사업, 점포 운영 등의 업종은 주로 여성의 분야였기 때문에 남편을 비롯한 남성 가족구성원이 간섭하는 것은 여성의 영역을 침범하는 것으로 이해되었다.

시장에 좌판을 펼쳐놓은
여성 노점상과 행상

여성이 빈번하게 시장을 출입하고 장사를 한 것도 한국전쟁 때였다. 한국전쟁으로 인해 모든 것이 파괴된 상황에서 맨몸으로 갑작스레 월남하거나 피난을 와 당장의 먹을 것을 해결해야만 했던 그들이 가장 쉽게 할 수 있는 일은 노점상이나 행상과 같이 물건을 사고파는 장사였다. 소비자가 아닌 판매자로, 즉 장사하는 행위자로 시장에 출입하는 여성이 증가한 것이다.[11]

> 내가, 젊은 사람이 제일 먼저 시장 댕겼어. 그때는 여자는 시장 안 댕겼거든. 제사 1년에 아홉 번이라. 명절 제사면 열한 번 아니가. 그러니 내가 안 갈 수 없어. 그때 내 스물한 살 먹었어. 그래가 걸어 여 갔다 오고. 당겼어.
>
> 김금자[12]

김금자는 스스로를 자신이 있던 경북 청도 지역에서 처음으로 시장 출입을 한 젊은 여성으로 기억한다. 그만큼 여성의 시장 출입은 새로운 전후의 풍경이었다.

여성들은 피난을 떠날 때 갖고 내려온 귀중품이나 집에 남아 있는 물건들을 시장에 내다 팔기 시작했다. 돈이 되는 것이면 무엇이든 내다 팔아 그렇게 번 돈으로 살아남은 가족에게 필요한 먹을 것과 입을 것을 구입했다. 당시 여성들은 혼수나 예물로 받은 귀금속을 비롯해 옷가지나 가구 등 돈이 될 만한 살림살이는 뭐든지 내다 팔았다. 전쟁으로 생활에 필요한 물자의 생산이 중단됐기에 생활용품은 귀했고 비쌌기 때문이다. 한국전쟁은 여성으로 하여금 팔 수 있는 것은 뭐든지 내다 팔아 생존하도록 만들었다. 특히 '전쟁미망인'이 장사에 뛰어들었다.

행상에 뛰어든 '전쟁미망인'이 품목을 결정하는 것은 자본금의 유무였다. 나무 장사나 채소 장사는 자본금 없이도 시작할 수 있었고 쌀 장사나 옷 장사는 적은 밑천이 있어야 가능했다.

처음에 대구 나와가지고는 채소 장사 하는데, 양철 다라이라고 그게 있는데, 그걸 하나 살 형편이 안 돼서 누가 떨버져 버린 것을 줬는 걸. 그래가 저 - 동촌 가가지고, 배추 솎아놨는 거. (⋯) 그 사람들이 자기네 손을 할라카면 손이 안 돌아가니까네 그걸 "뽑아가라, 공짜로 뽑아가라" 해가 - "좋은 거 놔두고 나쁜 거 뽑아가라" 해가 그걸 하루 종일 가가 뽑아가지고, 다라이 이래 담아가지고 놓으면 그기 시드러지잖아, 안 시드러지고는 (안 시드러지게) 물 차가지고 (뿌려) 보자기 덮어가 한 10리나 되는 데 (머리에) 이고, 머 - . 물이 질질 - 내려와, 뒤에도 질질질질 - 내려오고. 이러가 갖다 파니까. 그때 돈으로 30원도 되고. 그렇더라구요. 그때 연탄 한 자이 그때 20원 했는가? 15원 했는가? 그랬어요.

이경순[13]

이경순은 대구에서 양철 다라이를 이고 다니며 행상을 시작했다. 양철 다라이 살 돈조차 없던 그는 구멍이 난 다라이를 얻어가지고 배추밭에 거의 버려지다시피 한 배추, 그중에서도 좋은 것은 빼고 상태가 안 좋은 것을 공짜로 뽑아다 팔기 시작했다. 하루 종일 배추를 뽑아서 양철 다라이에 담아놓으면 시들기 때문에 물을 뿌리고 보자기를 덮어 머리에 이고 10리가 넘는 길을 걸어 시장으로 향했다. 구멍 난 양철 다라이에서 물이 질질 흘러 옷이 다 젖고는 했다. 그래도 그렇게 해서 배추를 팔아 번 돈으로 연탄을 사고 살림을 할 수 있었다. 당시 행상에 참여했던 여성은 무거운 짐을 머리에 이고 걸어 다녀야 했기 때문에, '걸어 다니기'와 '무거운 짐을 머리에 얹고 돌아다니기'가 가장 힘들었다고 기억한다.[14]

또 여성은 전통적으로 집안에서 요리를 담당해왔기 때문에 자신이 잘할 수 있는 음식을 만들어 내다 팔거나 시장통에서 바로 음식을 만들어 팔기도 했다. 집에서 담근 김치를 가지고 나오거나 복잡하고 사람 많은 시장통에서 빈대떡이나 국수 같은 음식을 직접 만들었다. 여성이 시장에서 팔던 상품의 종류는 여러 가지였지만, 대부분은 오래전부터 여성이 집에서 하던 일의 연장선상에서 이루어졌다.

1921년생으로 황해도 해주가 고향인 송용순은 해주여

고를 졸업하고 일제강점기에 일본 유학을 떠나 1년 동안 도쿄기예전문학교에서 양재 기술을 배웠다. 귀국 후에는 황해도에서 회사 사무원으로, 또 학교에서 교사로 근무하기도 했다. 스무 살에 결혼한 후에도 직장 생활을 했던 송용순은 남북 간의 이념 갈등이 심해지면서 해방 이후 자녀를 데리고 남편과 함께 황해도 해주에서 서울의 충무로로 월남했다. 하지만 한국전쟁이 벌어지면서 충무로에서 부산으로 피난을 떠났다. 부산에서 피난 생활을 하는 동안 광복동 길거리에 재봉틀을 내놓고 양장을 만들어 판매했다.

내가 그때 피난을 가서 길바닥에서 양장점을 한 적도 있잖아. 당장 점포가 없잖아. 부산 사람이 성격도 세고 강하잖아. 길바닥에 있는데, 내가 좌판하던 바로 뒤에 집이 있었는데. 자기 집 앞의 길바닥에서 양장점을 한다고, 장사를 한다고 막 뭐라고 하는 거야. 막 야단을 치는 거지. 내가 그때 삼팔선 넘어와서 갈 데가 없었거든. 근데 난 아무것도 없잖아. 피난을 왔으니까. 재봉틀만 들고 왔다 갔다 하면서 길바닥에서 옷을 만들었지. 그러다 나중에 하꼬방을 지었지.

송용순[15]

61

송용순은 당장 배고픈 자녀를 돌봐야 한다는 생각에 재봉틀 하나만 두고 길바닥에 앉아서 양장을 만들어 팔기 시작했다. 그는 고향인 황해도에 있을 때만 해도 취미 삼아서 양장을 만들었고, 자신이 입거나 지인들에게 선물로 주었다. 하지만 맨손으로 월남한 뒤 당장의 생계 문제를 마주하면서는 자신이 가장 쉽게 시작할 수 있는 옷을 만들어 판매한 것이었다. 그의 남편은 전문학교를 나온 엘리트 남성이었으나 자신의 지위나 체면을 내던지고 그의 아내처럼 전쟁의 어수선함 속에서 돈을 벌 능력은 없었다. 남편이 사람들의 시선을 의식하며 주저할 때 송용순은 배가 고픈 가족을 위해 자신이 가지고 있는 기술과 능력, 그리고 수완을 발휘해 장사를 시작한 것이다.

한국전쟁 당시만 해도 대부분의 여성은 길거리나 시장 바닥에 좌판을 깔고 장사하는 노점상이거나, 여기저기 떠돌아다니며 물건을 파는 떠돌이 행상에 지나지 않았다. 당시 여성이 행상을 하면서 취급했던 대표적인 품목은 옷이었다. 자급자족 형태로 한복을 만들어 입는 것이 일상이던 시절에 전쟁으로 더 이상 옷을 만들기 어려워지면서 옷은 비싸고 귀한 품목이 되었다. 이러한 상황을 잘 아는 여성은 보따리 옷 장사에 뛰어들었다. 여성의 몸으로 무거운 옷 보따리를 머리에 이고 이 마을

저 마을을 다니며 물건을 팔았다.[16] 여성의 보따리 장사는 1970년대 이후까지도 지속되었다. 이러한 전후 여성의 모습은 박완서의 소설 『도시의 흉년』(1989)에도 잘 묘사되어 있다. 이 소설에서 올케는 기지촌 여성을 상대로 옷을 팔았으며 이를 통해 밑천을 마련하여 1953년 휴전 무렵 동대문 시장에 번듯한 점포를 마련한 것으로 묘사된다.

이때 장사에 나선 여성 중에는 기혼 여성도 있지만 미혼 여성도 있었다. 한국전쟁 전만 해도 미혼 여성이 함지박을 이고 시장이나 거리를 다니는 모습은 보기 어려웠다. 하지만 생계를 위협받는 사람에게 사회적 시선이나 규범은 큰 문제가 되지 못했다. 미혼 여성이 장사에 뛰어든 것과 함께 또 하나의 큰 변화는 남한 출신의 여성이 장사에 본격적으로 참여하기 시작했다는 점이다.

한국전쟁 이전만 해도 남한 지역에서 장사를 하는 여성은 많지 않았다. 장사하던 사람들은 대부분은 남성이었다. 이는 집에서 시장까지 이동할 교통수단이 여의치 않았고 여성이 있어야 할 곳은 집이어야 한다는 인식이 강했기 때문이다. 가정에 필요한 생필품을 구입하고 집에서 키운 야채를 시장에 내다 파는 등 돈 관리를 하는 것은 전통적으로 남성의 역할이었다. 이 때문에 시장은 남성의 공간, 남성의 세계였다. 그래서 한국전쟁기 장사를 하던 여성은 대다수가 월남한 여성이었다. 이북 지역의 여성은 한국전쟁 이전에도 장사를 하고 있었다. 일찍이 개화사상으로 근대화된 황해도나 평안도와 같은 서북 지역의 여성은 장사를 하며 많은 이문利文을 남겼다. 그러한 이북 지역의 여성이 월남을 하여 장사하는 모습을 보면서 남한 여성도 장사에 적극 뛰어들게 된 것이다. 그 결과 1950년대 중반을 지나면서 남한 사회에서 결혼 여부에 관계없이 장사하는 여성의 모습이 일반화되었다.[17] 이로써 남성의 공간이었던 시장이 한국전쟁을 계기로 여성의 영역으로 변화하게 되었다. 전후 한국의 시장에서 장사를 하는 여성과, 이들이 파는 물건을 사는 여성의 모습은 흔한 풍경이 되었다.[18]

한국전쟁기 여성이 장사에 뛰어들면서 오늘날 전통시장이라고 불리는 시장이 여성들이 주도하는 공간으로 변했다. 일제강점기부터 이미 존재했던 동대문 시장이나 남대문 시장은 한국전쟁으로 인해 월남민과 피난민 여성들이 뛰어들어 장사를 시작했던 대표적인 시장이다. 여성은 시장에 나가 포목은 물론 야채나 생선 등을 팔며 돈을 벌기 시작했다. 부산의 자갈치 시장은 한국전쟁과 여성의 장사가 상당히 밀접한 관계였음을 단적으로 보여주는데, 부산 중구 남포동에 위치한 자갈치 시장은 '전쟁미망인'이 가족의 생계를 위해 모여 생선을 팔면서 만들어진 시장이다. 장사하는 여성이 시장에 모여들면서 상권을 장악해나갔다. 그러나 상설 시장에서 일하는 여성 상인보다는 행상이나 노점에서 일하는 여성 상인이 훨씬 많았다. 여성이 남성에 비해 상대적으로 자본이 부족했을 뿐 아니라 거래를 할 수 있는 상품과 이에 따른 이윤에도 한계가 있었기 때문이다. 그럼에도 불구하고 한국전쟁을 계기로 장사에 뛰어든 여성은 자신이 가진 감각과 인맥을 비롯한 자원과 자본, 능력 등을 최대치로 활용했다.

이러한 변화는 한국전쟁 이후 산업 통계를 통해서도 확인할 수 있다. 전쟁 이후 농업을 비롯하여 공업, 광업, 교통업, 상업 등 각종 업종에 종사하는 여성의 수가 현저하게 증가했는데, 그중에서도 가장 급격히 증가한 업종이 상업이었다. 전쟁 직전인 1949년 8만 1204명에서 1951년 59만 3264명, 1952년 59만 7257명으로 일곱 배 정도로 늘어났다. 상업에 종사하는 여성의 수가 남성의 수와 비슷한 정도였다.[19] 한국전쟁이 끝나고 그 수가 일정 정도 감소하기는 했지만 전쟁 이전과 비교해 두 배 이상을 유지했다.[20]

또한 시장에서 좌판을 벌이거나 행상, 보따리 장사를 하는 수준을 넘어서 달러 장사나 밀수를 하는 여성도 등장했다. 달러 장사는 불법이었기 때문에 남몰래 하는 경우가 많았다. 서울의 명동 뒷골목은 여성이 달러 장사를 하던 대표적인 공간 중의 하나였다. 또한 한국전쟁을 계기로 남한에서는 밀무역과 밀수가 크게 증가했다. 미군 피엑스PX나 기지촌을 통해 흘러나오는 양품을 암시장 혹은 양키 시장에 내다 팔며 돈을 벌기도 했다.[21] 또 세관을 거치지 아니하고 몰래 외국의 물건을 들여오는 것, 즉 밀수를 하는 경우도 있었다. 여성 중에는 밀수로 들어오는 물건을 몰래 팔아 돈을 버는 경우가 적지 않았다. 그만큼 시장의 비공식 영역을 통해 양품이라고 불리는 외제가 많이 판매되었는데, 물자가 귀한 전후 사회에서 양품은 귀한 만큼 매우 비쌌기 때문이다. 이처럼 여성은 피엑스와 기지촌, 그리고 양키 시장 등 미군을 통해서 흘러나오는 양품을 판매하며 생계를 유지해왔다. 이러한 공간은 전후 사회의 경제와 여성의 역할을 언급할 때 빼놓을 수 없다.

여성에 의한 밀수와 양품 장사는 당대 영화에도 등장한다. 신상옥 감독의 영화 〈지옥화〉(1958)에는 미군부대의 창고를 털어 밀수를 하는 남성이 등장하며 '양공주'

인 여주인공 쏘냐(최은희 분)가 함께하며 그를 돕는다. 밀수품을 판매하는 여성의 이야기는 그 이후에 제작된 영화에도 종종 등장한다. 김수용 감독의 1965년 영화 〈날개 부인〉에는 밀수품 장사를 하는 부인이 등장한다. 남편인 양 과장은 고지식할 정도로 청렴해 별명이 불통 과장이며, 그의 아내는 적자투성이의 가계를 지탱하느라 밀수품 장사를 한다. 양 과장이 이를 알고 불같이 화를 내자 아내는 집을 나가버리지만 곧 자신의 잘못을 깨닫고 돌아온다. 아내의 알뜰한 내조 덕에 남편은 국장으로 승진하며 아내도 국장 사모님으로 불리는 영광을 누리게 된다.

영화의 한 장면에서 고지식한 불통 과장 남편이 밀수품인 양품 장사를 한다고 온몸에 양키 물건을 휘휘 감아 꼭 아이를 가진 모습을 한 아내가 수상해 옷을 벗기는데, 아내의 옷 속에는 초콜릿과 양담배 같은 물건이 쏟아져 나온다. 이에 화가 난 남편은 양품을 모두 마당에서 태워버리고 옷이 벗겨진 채 내쫓겨 나온 아내는 원망 섞인 눈초리를 한다.[22] 당시 신문 기사에서는 이 영화를 소개하면서 '날개 부인'에 대해 "자유 부인과 계 부인을 거쳐 현대 여성의 생활 위협을 개척해나가는 적극성을 띤 여성형"이라고 언급한다.[23] 이는 한국전쟁 이후 여성이 돈

을 벌어 가족의 생계를 위해 밀수도 마다하지 않았던 당
시 세태를 반영한 것이라 할 수 있다.

여사장의 탄생 :
여사장이 되는 과정

점포 운영으로 정착

한국전쟁 때 장사를 시작한 여성은 1953년 휴전 이후 행상이나 노점에서 사업장 혹은 작업장을 갖춘 점포 운영으로 이행해갔다. 전후에 여성이 진출한 다양한 종류의 자영업이 지속되었던 것은, 전쟁으로 인해 기존의 공장이나 회사가 문을 닫았을 뿐만 아니라 전쟁으로 파괴된 기반 시설이 재건되기에는 상당히 시일이 걸리기 때문이었다. 이는 곧 여성 스스로가 자신의 일자리를 창출해서 생계를 유지해야만 하는 상황에 내몰렸음을 뜻한다. 이러한 상황이다 보니 자신이 운영할 수 있는 점포나 사업체를 운영하는 여성의 수가 증가한 것이다.

이로 인해 여성 자영업자의 수가 크게 증가했다. 종업상의 지위별 취업자에 관한 통계에 따르면, 1957년부터 여성 자영업자가 지속적으로 증가하였고 1960년을 기점으로 감소하였다. 여성 자영업주는 1959년에 여성 취업자 중 61만 1천 명으로 18.2퍼센트까지 차지했다가 1961년에는 46만 1천 명으로 11.9퍼센트 감소했다. 또 다른 통계자료에 따르면 1960년과 1966년에 남성 자영업자의 수가 전체적으로 감소한 반면에 오히려 여성 자영업자의 수는 증가했다. 여성 자영업자가 진출한 업종으로는 상업이 15만 8530명으로 가장 많았으며, 서비스업이 6만 2010명, 제조업이 4만 7600명으로 뒤를 이었다. 여성 자영업자의 진출은 제조업이나 서비스업보다도 상업에서 가장 많았다.[1]

여성은 전통적으로 여성의 성역할로 여겨진 음식과 의복 분야에 많이 진출했는데, 이는 그 분야들이 여성에게 더 친숙하기 때문에 사업적으로도 성공 가능성이 높다고 여겨졌기 때문이다. 이에 한국전쟁 이후 여성이 진출한 업종은 요리를 비롯 미용, 양재, 편물과 같은 여성의 성역할로 여겨진 '여성적 기술feminine skill'이 중요한 자원으로 활용되었다. 그러다 보니 음식점, 미장원, 양장점 등과 같은 점포가 급격하게 증가했다. 특히 양장점과 미장원은 한국전쟁 이후 여성의 소비문화가 확산되면서 여성의 자영업으로 인기가 매우 높았던 분야이다. 이러한 소비공간은 여성이 운영하고 여성이 직원으로

근무하며 여성이 고객으로 방문하여 소비하는 여성 중심의 생산, 유통, 소비가 전개되는 특징을 가졌다.[2]

　여성의 자영업 중에서도 양장점의 부상은 가시적이었다. 양장점은 일제강점기만 해도 그 수가 상당히 제한적이었으며 방문하는 여성도 상류층이나 직업여성과 같은 일부에 지나지 않았다. 하지만 한국전쟁을 거치며 한복 대신 양장을 입는 여성이 많아지면서 양장을 제작하여 판매하는 양장점의 수도 함께 증가했다. 양장점의 수는 1956년에 27개소 정도였으나, 1958년 82개소, 1963년 293개소로 늘어났다. 더욱이 1966년 653개소에서 1969년에는 서울 시내에만 양장점이 2천여 개소 이상으로 기하급수적으로 증가했다. 양장점이 여성 사이에서 인기를 끌면서 서울뿐 아니라 전국적으로 확장세를 보였다. 1963년 양장점의 30퍼센트 이상은 서울에 위치했는데, 종로구 예지동, 중구 명동, 서대문구 대현동에 밀집해 양장점 거리를 형성하기도 했다.[3] 당시 양장점 광고는 신문이나 여성지에 실려 여성 독자들에게 양장 소비를 촉구했다. 서울의 대표적인 중심지인 명동에는 전국적으로 유명세를 얻은 양장점이 밀집했다. 양장업 초기만 해도 양복점에서 근무하던 남성 재봉사의 수가 더 많았지만 양장점을 운영하는 여성의 비율이 점차

증가하면서 여성 재봉사의 수도 늘어났다. 이러한 과정
을 거치면서 양복업은 남성이, 양장업은 여성이 제작하
는 성별 업종 분리 현상이 두드러지게 나타났다.[4]

* * *

점포를, 1954년에 내 점포를 했지. 1954년부터 본격적으로. 내
가 우리 점포를 아직도 가지고, 충무로 상가를 지금도 가지고 있
어요.

송용순[5]

피난 시절 부산에서 양장을 만들어 팔던 송용순은
1953년 휴전이 된 후 서울로 돌아와 충무로에 정착했다.
그리고 양장점 운영을 본격적으로 시작했다. 이는 공무
원인 남편의 박봉으로는 생활비는커녕 자녀 교육비를
충당하기도 한참 부족했기 때문이다. 양장점에는 재봉
틀을 가지고 양장을 만드는 재봉사가 서너 명 정도였으
며, 이들을 돕는 보조 인력이 재봉사마다 서너 명씩 함
께했다. 황해도 해주가 고향인 송용순이 운영하는 양장
점의 주된 고객은 고향에서 함께 학교를 다닌 해주여고

동창들이었다. 여학교를 나온 동창들은 월남한 후에도 남편이 일정한 사회적지위를 갖고 있어 그의 양장점 운영에 큰 도움이 되었다. 양장점 운영은 그가 가정경제를 이끌어가는 데 매우 중요한 역할을 했다. 이처럼 한국전쟁은 여성이 점포 운영을 통해 자영업에 진출하는 결정적인 출발점으로 작용했으며, 이를 계기로 여성은 본격적으로 경제 영역에 진출하게 되었다. 즉 남성 고용주에게 종속되어 임금노동을 하는 것이 아니라 주도적으로 자기 사업을 하는 여성 자영업자가 된 것이다.

일정 규모 이상의
사업을 하는 여성

장사를 하면서도 당장 입에 풀칠하기도 힘겨운 여성이 대부분이었지만, 꽤 큰 규모의 장사를 하면서 상당한 이윤을 남기는 여성도 있었다. 김옥순은 일제강점기 만주 지역에서 유년 시절을 보내고 해방 후 월남하였는데, 부산항을 통해 밀수로 들어온 양장지를 대구와 서울을 오가며 판매하면서 큰돈을 벌었다. 김옥순은 1928년생으로 한국전쟁 이전만 해도 이렇다 할 직업을 갖고 있지 않았다. 그러나 한국전쟁으로 가정경제가 어려워지고 남편은 몸이 아파 몸져눕는 바람에 가족의 생계를 책임져야 했다. 이때 그가 선택한 일은 바로 포목 보따리 장사였다. 1962년에 시작한 수입 화장품 판매에서 수입 옷감으로까지 거래 품목을 확장한 것이다. 여성들 사이에 양장이 인기를 끌면서 양장지 수급이 중요해졌기 때문이다.

그때는 부산 여자들은 미제라고 하면 물어보지도 않고 다 가져가. 명품이라고 하면 보따리째로 가져가. 부산, 서울, 마산, 대전 다 다녀봤는데 부산 사람들이 제일 통이 커. 그리고 인정이 가장 많고. 좋은 물건 가져가고 사람이 마음에 들면 많이 가져가. 서울 사람들은 외상 안 하고 그 자리에서 돈 주고. 대구 사람은 수표 없으면 자기 손으로 써주는 개인 수표 써주고 저거 물건 다 팔리면 돈 주고. (…) 부산에서 나오는 물건을 서울에 가져가고 서울에서 샀는 물건은 부산에 갖다 팔고. 부산 뉴테라 거기도 장사 잘되는 집이거든. 서울 동대문에서 여기 물건 좋은 거 있다 하면 "당신 눈은 멋진 눈인데 그 눈으로 뭘 못 살까. 다 사라" 그래. 사서 부치고 그이 내가 부산에 가서 앉아 있으면 큰 짐이 들어오는 거야. 거기 일하는 애들이 "아무도 이런 거 할 사람 없다. 대구 사모님밖에 없다" 그래. 저거가 다 계산하고 (옷감 길이를) 재고.

나는 장사해도 한 번도 (옷)감 길이 재준 적 없어. 대구는 가기 싫어. 물건 사면서 사람을 무시해. 기분 나빠서 못 해. 부산 사람들은 인정스럽지.

김옥순[6]

대구에 살던 김옥순은 밀수로 들여온 양장지를 대구뿐 아니라 부산과 서울 등 여러 지역을 오가며 납품하여 큰돈을 벌었다. 그가 포목을 싣고 이 도시 저 도시를 방문하며 판매를 한 것은 1963년으로, 이후 대구에 양장점을 구입하여 정착했다.

김옥순이 양장점에 양장지를 판매하여 벌어들이는 돈은 상당했다. 때로는 트럭이 가득 찰 정도로 양장지를 구입해 싣고 구매자에게 배달했다. 정부의 단속을 피해 파느라 "파는 것도 가만히, 사는 것도 가만히" 해야만 했다. 서울의 유명 양장점이나 권세가 있는 여성 고객이 방문하는 양장점에 양장지를 납품하였다.

한편 한국전쟁을 계기로 경제적 위기에 대한 우려가 커지면서 여성들은 기술을 배워 가정경제에 보탬이 되고 언제 다시 있을지 모르는 전쟁에 대비하고자 했다. 이 때문에 여성을 대상으로 기술을 가르치는 학원의 인기가 많아졌고 전후에는 기술 학원의 수가 크게 증가했다. 이러한 분위기 속에서 여성 기술자들은 여성을 대상으로 하는 기술 학원을 설립하여 교육사업에 뛰어들었다. 임형선은 한국전쟁의 경험을 계기로 미용 기술을 가르치는 기술교육 사업에 뛰어든 대표적인 여성이다. 그는 일제강점기 미용실에서 미용 기술을 배워 미용사로 근무했으며 해방 후 종로에서 자신의 미용실을 열어 운영했다. 딸을 데리고 맨손으로 떠난 부산에서의 피난 생활 동안 미장원 운영으로 생계를 유지할 수 있었으며 나중에는 꽤 큰돈도 만질 수 있었다.

이러한 경험은 임형선에게 미용 기술만이라도 익힌다면 경제적 위기를 극복할 수 있다는 깨달음을 안겨주었다. 즉 그에게 한국전쟁은 자신이 미용 기술자로서 가진 능력을 깨닫고 이를 기술교육 사업으로 확장할 수 있는 계기가 되었다. 그는 서울로 돌아와 1955년에 미용 기술을 가르치는 예림미용기술고등학교의 설립인가를 받았으며, 등록금이 부족하거나 초등학교를 다니지 못한 여성을 위해서 1958년에 예림미용학원을 추가적으로 설립했다. 임형선은 미용 기술을 가르치기 위해서 교육부에 등록한 정식 기술 고등학교와 사설 미용학원을 운영했다. 이는 여성이 경제적으로 자립하는 데 기술이 중요하다고 여겼기 때문으로, 사설 학원에 그치지 않고 정식 교육기관까지 설립하고자 했던 것이다. 이로써 임형선은 미용실을 운영하는 주인이 아니라 미용학원과 미용기술학교를 운영하는 교육사업가로서 거듭난 것이다.

자영업을 선택한 이유,
일·가정 양립

한국전쟁 이후 여성이 장사와 사업에 진출한 이유는 전쟁으로 일자리가 부재했던 탓도 있지만, 살림과 자녀 양육을 일차적으로 책임져야만 하는 성별분업이 공고했기 때문이기도 하다. 즉 일과 가사를 병행해야만 하기 때문에, 여성은 돈도 벌고 가정도 보살필 수 있는 일을 원했다. 즉 자신이 직접 일과 시간을 통제할 수 있어 돈벌이를 하면서도 자녀를 보살피고 살림을 할 수 있는 일의 형태를 필요로 했다. 고용주가 있어 통제와 관리를 당하기보다는 자기가 주도적으로 이끌 수 있어 언제든지 혹은 필요에 따라 집에 쉽게 다녀올 수 있는 자영업을 선호한 것이다. 이로 인해 자영업을 하는 여성의 점포나 사업장은 거주하는 살림집과 상당히 가깝거나 함께 있는 경우가 많았다. 여성 자영업자들은 전용 상점형보다는 살림채와 함께 있는 주상복합형의 점포를 선호했다.[7] 여성이 진출한 자영업의 대표적인 사례라 할 수 있는 양장점은 살림집과 나란히 붙어 있는 구조가 많았다. 그러한 공간구조는 여성 양장점 운영자들이 일을 하면서도 가정을 함께 돌볼 수 있도록 했다. 충무로에서 양장점을 운영한 송용순은 자녀가 학교를 다니는 동안 살림집과 같은 건물에서 양장점을 운영했다.

내가 명동이 아니라 충무로에 양장점을 차린 것이 살림집이랑 같이 해서 그랬지. 내가 힘들게 내직을 하고 있었으니까. 나는 명동에 못 간다. 돈도 없는데 어딜 명동으로 가. 못 가.

송용순[8]

송용순이 유명 양장점이 밀집한 명동으로 이전하지 않고 충무로에서 양장점을 계속 운영한 이유도 일과 가사를 병행하기 위함이었다. 양장점이 살림채와 함께 있는 구조이기 때문에 송용순은 시간을 들여 출퇴근할 필요가 없었으며 필요하면 언제든지 집에 갈 수 있었다.

전라남도 목포에서 한국전쟁을 지나면서 양장점 운영

을 시작한 김경옥 역시 양장점 운영으로 밑천을 마련한 뒤 2층짜리 집을 지었는데, 새로 지은 집의 아래층에는 양장점을, 위층에는 살림집을 두었다. 김경옥의 자녀들은 그가 일을 하고 있는 1층 양장점 앞에서 방과후 시간을 보냈다. 김경옥은 양장점을 운영하면서 점포 앞에서 놀고 있는 어린 자녀들을 쉽게 보살필 수 있었다.

결혼 후 제주도 한림읍에 양장점을 차린 신희자는 다섯 명의 자녀를 두었다. 하지만 그 역시 자녀를 돌보는 것에 아주 큰 어려움이 있었던 것은 아니다.

집이 일하는 데하고 떨어져 있잖아요. 그러면은 애들은 어떻게 했어요?

애들은 끝나면 가게로 오는 거지.

아, 가게로 오고. 그러면 양장점은 여자들이 애 키우면서 일하기 좋나요?

좋아, 좋아. 어디 가서 근무하면 아이들만 집에 있게 되잖아. 근데, 우리 같은 경우에는, 우리가 항상 집에 있잖아, 바느질하면서. 그러면 여기 와서 밥 먹고, 공부하고, 집에 같이 가고. 그런 점

이 좋은 거 같애. 아이들만 따로 놔두거나 그런 거는 없어.

　　그러니까, 엄마가 일하는 곳이지만 애들이 와서 생활할 수
있으니까요?

　　그렇지, 그렇지. 이런 공간이 있으니까. 그래서 좋아. 요즘에
보니까 젊은 아이들(여성들)이 직장에 다니잖아? 애기들 볼 사람
이 없어가지고. 그게 골치 아프더라고. (집과 직장이) 분리되니까,
요즘 골치 아프겠더라고.

신희자[9]

　　신희자가 일하느라 집에 없었기 때문에 자녀들은 하
교 후 집에서 멀지 않은 양장점에서 시간을 보냈다. 그
의 자녀들은 학교를 마친 후 엄마가 운영하는 양장점
으로 와서 식사를 하거나 간식을 먹었으며 숙제도 하
고 양장점 앞에서 친구들과 놀기도 했다. 그렇게 시간
을 보내다가 엄마가 양장점 일을 끝내면 함께 집으로 돌
아가고는 했다. 양장점에서 여성은 일을 하면서도 자녀
를 돌볼 수 있었다. 즉 이들에게 양장점은 일터인 동시
에, 자녀를 돌볼 수 있는 보살핌의 공간이었다.[10] 이는

양장점이 집과 가까이 위치해 있고 자신이 양장점의 주인, 즉 사장이었기 때문에 가능했다. 한편 양장점을 운영한 여성의 경우, 여성적 기술을 기반으로 여성 고객을 대하다 보니 남편의 도움을 받을 이유가 많지 않았다. 남편이 양장지를 서울에서 사다 주는 경우를 제외하고는 여성 개인이 주도적으로 양장점을 경영하였다. 즉, 1950~1960년대 양장점이나 미용실을 운영하는 데 있어서 가족경영보다는 직원을 채용하여 가족의 도움 없이 자기 힘으로 점포를 운영하는 경우가 일반적이었다. 양장점은 여성 고객을 상대로 여성이 입는 양장을 판매하는 여성적 소비공간으로서, 남성이 방문하기에는 적합하지 않은 공간으로 여겨졌기 때문이다.

1950~1960년대 여사장은
왜 기업인이 되지 못했나?

전후 '여사장'에 대한 문화적 재현:
영화 〈여사장〉

한국전쟁을 계기로 부상한 여사장이라는 새로운 경제적 주체는 당시 문화적 재현과 담론 속에서 어떻게 이해되었을까. 여사장을 둘러싼 전후 사회 담론은 한국전쟁을 지나서 본격적으로 등장했다.

여사장이라는 용어는 일제강점기에도 사용되었다. 하지만 사용 빈도는 낮았다. 여사장이라는 용어는 대중잡지에 드물게 등장했다. 잡지《삼천리》1936년 1월호는 「십만 원十萬圓의 조선관朝鮮舘 경영經營하는 김산호주金珊瑚珠 여사女士(여사장女社長을 차저)」라는 제목으로 세 명의 여사장을 소개한다. 이 기사에는 동아부인상회[1]를 운영하던 여사장이자 자본금 1천 원 정도의 요리점을 운영하고 있는 서울 기생妓生 김산호주, 세상을 떠난 남편[2]을 대신해 동양극장을 운영하는 배구자가 소개된다. 그리고 2년 후인 1938년《삼천리》1월호에는 「여사장女社長 배정자裵貞子 등장登場, 동극東劇의 신춘 활약은 엇더할고」라는 제목의 기사가 실린다. 또 같은 해 「육십만 원六十萬圓 회사會社의 여사장女社長 자전自傳, 천향각天香閣 호텔 김옥교金玉橋 여사女士의 반생애半生涯」라는 제목으로 60만 원 규모의 호텔 천향각을 운영하던 여사장 김옥교가 소개된다. 기생 출신인 김옥교는 요리점을 운영하다가 호텔을 설립했는데, 삼십대 초반에 전골 가게를 시작으로 음식계에 진출했으며, 천향원天香園이라는 요리점을 열어 명월관이나 식도원[3]과 명성을 다툴 정도로 성공하였다는 것이다.[4] 이처럼 여사장이라는 표현은 일제강점기에도 드물게 사용되었다.

여사장이라는 말은 해방 이후 한국전쟁을 거치면서 좀 더 빈번하게 사용되었는데, 전쟁으로 인해 여성의 점포 운영이나 사업체 운영이 확대되면서부터였다. 흥미로운 것은 여사장이라는 용어가 연극이나 영화 제목에 등장했다는 점이다. 여사장이라는 새로운 경제적 여성 주체에 대한 사회적 관심이 문화적 재현에도 반영된 것이다.

1959년에 개봉한 영화 〈여사장〉은 1950년대 멜로드라마를 다수 연출한 한형모 감독의 작품이다. 이 영화는 해방 직후인 1948년에 무대에 올라간 연극 〈여사장〉을 원작으로 제작한 로맨틱코미디 영화다. 원작인 연극은 같은 해 이름을 '김복자 양의 여사장'으로 바꾸어, 극단 신청년에서 무대에 올렸다. 또 전쟁 중인 1952년에는 부산극장에서 연극 〈털보와 여사장〉이 상연되었다. 전쟁이 끝나고 1954년에도 같은 제목의 연극이 상연되었다. 신문에 실린 연극 광고에는 삽화가 포함되었는데, 이전에는 한복을 입고 있던 주인공이 양장과 선글라스를 착용한 모습으로 달라졌다. 이 모든 작품은 김영수라는 극작가가 쓴 희곡을 바탕으로 제작되었다. 극작가인 김영수는 「혈맥」과 「돼지」라는 작품으로 유명한데, 일본 유학을 마치고 귀국한 뒤 《조선일보》 기자로 근무하면서 소설과 희곡을 발표했다. 이후 동양극장의 전속 극작가가 되어 신파 극본을 썼으며, 광복 후에는 상업 극단의 작품을 썼다. 1947년에는 신청년이라는 극단을 조직하여 전속 작가로 작품 활동을 했다.[5] 이처럼 해방 이후 쓰인 연극 대본을 1950년대가 끝나가던 무렵 한형모 감독이 '여사장'이라는 제목으로 영화화한 것이다.

* * *

이 영화는 '신여성'이라는 이름의 여성잡지 출판사를 운영하는 여사장 요안나를 주인공으로 내세운 작품이다. 요안나의 여성지 출판 사업과 연애 그리고 결혼에 관한 이야기가 주된 소재이다. 영화 〈여사장〉을 연출한 한형모 감독은 1950년대를 대표하는 최고의 흥행 감독으로, 당시 상업영화계의 최전선에 있었다. 그는 한국 대중 영화의 초석을 놓은 감독으로 평가받는다. 1950년대 후반 한국 영화가 본격적인 산업화의 길로 들어서며 대중성과 상업성을 추구하던 때에 그는 소설가 정비석의 베스트셀러를 영화화한 작품인 〈자유부인〉(1956)으로 전후 사회에서 엄청난 센세이션을 일으켰다. 그는 관객을 위한 오락성을 최우선으로 고려하는 상업영화를 제작해 전후 영화산업의 새로운 변곡점을 만들어낸 것으로 평가받는다.[6] 이러한 그가 '여사장'이라는 제목에, 여사장이 주인공인 영화를 제작했다는 것은, 전후 사회가 자기 고용을 하여 주도적으로 경제활동을 하는 여사장이라는 새로운 존재에 대한 사회적 관심이 있었으며 한형모 감독 또한 이러한 소재가 사람들의 흥미를 유발해 흥행할 것이라고 예측했다는 방증이다.

영화 〈여사장〉에는 여사장 요안나(조미령 분)와 이후 요안나가 운영하는 출판사에 기자로 취업하는 청년 김용호(이수련 분)가 등장한다. 영화에서 요안나가 공중전화로 길게 통화를 하는데 김용호가 그의 태도를 문제시한다. 그는 요안나의 강아지를 발로 차며 갈등을 빚는다. 이후 김용호가 요안나가 운영하는 출판사에 면접을 보러 오고 요안나는 그를 골려주기 위해 채용한다. 처음에는 요안나가 사장의 위치에서 직원인 김용호를 괴롭히지만, 이후 요안나가 그를 사랑하게 되면서 둘은 결혼을 한다. 결혼과 함께 요안나는 아내가 되어 회사를 그만둔 후 집에서 살림을 하고 남편이 된 김용호가 요안나를 대신해 사장으로 출판사를 운영하며 상당한 수익을 남기는 것으로 영화는 끝이 난다. 이 영화는 전후 사회에서 출판사라는 사업체를 운영하는 여사장에 대한 시선의 변화를 단적으로 보여준다. 영화의 시작에서는 사장실에서 근무하는 요안나의 뒤편으로 사훈인 '여존남비女尊男卑'가 쓰인 액자가 비춰지지만, 결혼 후 그의 남편이 사장 역할을 하면서 그 액자에 담긴 글귀는 '남존여비男尊女卑'로 바뀐다. 이는 1950년대 새롭게 등장한 사업하는 여성에 대한 재현으로 전쟁으로 역전된 가부장적인 젠더 질서가 다시금 '제자리를 찾는' 것을 보여준다. 여성이 집 밖의 일에서 남성보다 더 높은 자리에 위치한 전후 사회의 모습은 여남 간의 사랑의 결실인 결혼을 하면서 가부장적인 질서를 회복하는 것으로 그려진다. 이러한 결말은 남성 관객에게는 안도를, 여성 관객에게는 전통적인 여성상을 강요하는 것이라 할 수 있다.

특히 이 영화는 여사장을 통해 전후 여성의 새로운 역할과 서구적인 외모 그리고 미국화 과정에서 달라진 일상생활을 잘 보여준다. 경제활동에 진출해 사회적지위가 높아진 전후 여성의 화려한 서구식 외모와 그들의 욕망이 발현되는 다양한 소비공간은 관객에게 '영화적 볼거리spectacle'로 전시된다. 요안나는 2층 양옥집에 살며 양장을 즐겨 입고 출근 전 미용실에 드나들며 골프를 치고 요리점에서 술을 마시며 댄스홀에서 춤을 춘다. 또 호텔에서 맥주를 마시고 자동차를 몰며 강아지도 기른다. 농구와 같은 스포츠 경기를 즐기고 화려한 드레스를 입고 잡지 출간 기념으로 직원이 모두 참여하는 파티를 연다. 이처럼 영화는 시작부터 끝날 때까지 여사장으로 일하는 요안나가 소비문화를 어떻게 향유하고 있는지를 보여줌으로써 관객을 매혹한다. 즉 한국전쟁 이후 사장이 된 여성의 일상과 삶은 미국식 소비문화로 나타난다. 여사장 요안나가 결혼으로 전업주부가 된 후, 관객에게 눈요깃거리로 제시된 서구식 소비문화는 후경화되고 여성의 위치는 회사가 아니라 집이며, 여성의 역할은 아내와 어머니임을 암시한다.

하지만 영화가 상영되는 내내 요안나의 태도는 당당하고 거침없다. 여사장으로서 역할을 수행하는 동안에도 사랑에 빠졌을 때도 자신의 감정에 솔직하고 적극적이다. 자신이 원하지 않는 오 사장이 종이 제공을 빌미로 추근거리나 그를 매몰차게 때로는 정중하게 거절하며, 운동도 잘하고 박력 있는 남자다운 남자라고 여긴 김용호를 남편으로 쟁취한다. 그러므로 이 영화는 전후 여성에 대한 가부장적 시선을 노골적으로 드러내지만, 영화가 전개되는 동안 여성도 공적영역에서 남성과 동등하게 사회 활동을 하는 여사장이 될 수 있음을 시각적으로 보여준다. 영화의 서사적 결말은 미혼의 여사장이 아내이자 살림하는 전업주부가 된다는 것을 강조하지만, 영화의 이미지적 재현에서는 경제적 여성 주체로서 여사장의 면면을 시각적으로 제시한다.

물론 이 영화에서 미혼인 여사장 요안나가 출판사를 운영하는 것이 가정경제를 위한 것으로 의미화되지는 않는다. 그가 출판사를 운영하는 목적이나 취지는 영화에 드러나지 않는다. 하지만 요안나가 어머니와 여동생과 함께 살며, 아버지나 오빠, 남동생이 부재한 영화 속 상황은 그가 가족의 생계를 책임지는 역할이라는 것을 보여준다. 그럼에도 불구하고 요안나는 어머니로부터 충분히 인정받고 있지 못하다. 그의 어머니는 큰딸이 사업을 하느라 결혼에 무관심한 것이 불만이다. 하지만 전후 사회에서 여사장의 등장은 전쟁에 의한 경제적 위기에 기인한 것으로, 이러한 재현은 전후 사회의 현실과는 거리가 있다. 전후 사회는 여전히 배가 고프고 가난한 시대로, 남성도 취업할 수 있는 일자리가 충분치 않았으며 취업을 한다고 하더라도 벌이가 신통치 않았다.

한편 영화의 핵심적 사건으로 출판사의 종이가 부족하여 요안나가 위기를 겪는다. 그는 돈은 많지만 남자로서 매력을 느끼지 못하는 오 사장을 유혹해 대가 없이 종이를 빌릴지 고민하지만 결국 큰아버지의 경쟁사와의 농구 시합에 직원 김용호를 출전시켜 이김으로써 공짜로 종이를 얻는다. 사업하는 여성이 부족한 사업 자금을 조달하기 위한 방법으로 여성 사이의 관계망이나 여성 공동체의 도움을 받는 것이 아니라, 성적 대상으로서 남성을 유혹하거나 혹은 남성 간의 경쟁 관계를 통해 해결함으로써 경제 영역에서 여성의 위치가 여전히 주변적임을 암시한다. 이러한 인식은 또 다른 작품에서도 나타난다. 한국 최초의 여성 감독인 박남옥의 영화 〈미망인〉(1955)에서 주인공 신(이민자 분)은 양장점을 차리는 데 부족한 사업 자금을 남편의 지인을 통해 해결한다. 신은 한국전쟁에 의해 남편을 잃은 '전쟁미망인'으로서 어린 딸을 데리고 있다. 신은 어린 딸을 방치하고 청년을 사랑하며 자신의 성적인 욕망을 추구하는 여성으로 재현된다. 하지만 결론에서는 남성과의 연애라는 욕망을 포기하고 자신의 딸을 다시 찾아 혼자서 양장점을 운영하며 꿋꿋하게 살아가는 '전쟁미망인'으로 재현된다. 한형모 감독과 마찬가지로 한국 최초의 여성 감독 역시 '전쟁미망인'의 경제활동으로 양장점을 운영하는 여사장을 그려냈다는 것은, 전쟁으로 인해 사장이 된 여성의 모습이 남성과 여성 감독 모두에게 주목할 만한 것으로 인식되었음을 보여준다.

한편 점포 운영과 같은 사업에 뛰어든 여성의 호칭은 주인, 마담, 사장 등 다양했다. 특히 양장점 주인은 마담이라고 불리는 경우가 많았다. 영화 〈육체의 고백〉은 1964년에 개봉한 조긍하 감독의 작품으로, 주인공 김분이(황정순 분)는 딸들에게 자신이 양장점을 운영한다고 거짓말을 하는데, 자신이 양장점을 운영하는 것처럼 꾸미기 위해 실제 양장점을 찾아가 주인에게 부탁을 한다. 이때 양장점 주인을 부르는 호칭으로 '마담'이 등장한다. 다방은 물론 사업체를 이끄는 여성을 마담이라고 부르는 일종의 문화가 있었던 것으로 보인다.

전후 여성이 장사나 사업을 하면서 필요한 밑천을 마련하는 방식과 관련해서, 신문소설에서도 여성이 부적절한 방식으로 돈을 융통하는 모습을 그리곤 했다. 박용구의 《동아일보》연재 신문소설 「오월은 무르녹아」(1956)에서는 주인공이 양장점 개업을 위해 필요한 자본을 남성들과의 성적으로 친밀한 관계를 통해 해결하는 것으로 재현된다. 이러한 재현은, 여성은 자본이 부족해 빈번하게 어려움을 겪을 뿐 아니라 이를 해결하기 위해 돈 많은 남성을 상대로 성적인 유혹을 한다고 의미화하는 것이다. 즉 장사하고 사업하는 여성을 가부장적이고 남성중심적인 시선에서 성적으로 문제적이고 위험한 여성으로 그려낸다. 영화 〈미망인〉에서 신이 생계를 위해 양장점 운영을 시작할 수 있었던 것은 사장인 남편의 친구가 사업 밑천을 빌려줬기 때문이다. 하지만 그는 신에게 흑심을 품고 있었고 그의 아내는 남편이 신을 만나는 모습을 보고 둘의 관계를 의심한다. 하지만 이런 재현은 전후 여사장들이 사업 자금을 마련하기 위해 친인척 여성이나 동창, 동문 선후배 등 여성 중심의 관계망을 활용했다는 점에서 현실과 큰 괴리가 있다.

전후 한국 사회는 남성의 부재로, 가족의 생계 부양과

여성 당사자의 생존을 위해 여성의 사회 진출이 불가피했다. 또 한국전쟁에 의한 남성의 사망으로 여초현상이 나타났다. 이런 상황에서 남성의 경제적 무능과 여성의 경제적 능력 확대가 가시화되었다. 이러한 전후 사회의 풍경에 대해 당시 국회의원인 임영종은 1956년 여성지인 《여성계》 4월호에 "우리 민족에게 이 시대는 남성 무능의 시대와도 같습니다"라는 말을 남겼다. 또 전후 여성의 활발한 경제활동에 대해서는 남성 지식인들이 '여인천하'라고 지칭하기도 했다. 일제강점기는 물론 해방 후에도 유명 시인이자 소설가였으며 예술원장이었던 박종화는 1950년대를 대표하는 여성지인 《여원》에 「해방 후의 한국 여성」(1959년 8월)이라는 제목으로 글을 투고했다.

오늘날 한국의 여성은 가정에 있어서는 말할 것도 없고, 사회와 국가적으로도 경제권을 잡았다. 상권을 잡고 정치권을 잡고, 사교권을 잡았다. 학계에도 교육권을 잡고 문학계에도 여자가 선편先鞭을 다 잡았다. 음악계에도 여성의 중진이 기라綺羅 별같이 많고 화단엔 화단대로 여류가 있고 언론계, 법조계에도 여성이 있다. 더구나 연극, 영화, 무용계는 그들의 독단장이나 애당초 말할 나위도 되지 않는다. 한국 남성들이 해방된 열다섯 해 동안에 좌우로 갈려서 실전으로 싸우고, 북으로 납치를 당하고 전쟁에 무수하게 죽고 정당이 조직되어 정치로 싸우고, 토지개혁이 되어 천지개벽이 되고 서투른 장사에 일확천금을 꿈꾸다가 패가 망신을 하였을 때, 오직오직 여성들만은 아수라장阿修羅場 같은 속에서 집안을 유지해야 하고 가계를 세워야 하고 자녀를 가르 쳐야 하고, 백절불굴의 정신으로 살아가야 한다는 인생의 경험 을 체험했으니 여자는 이만큼 각성했고 이만큼 투철透徹했고 이 만큼 전진해서 오늘의 지위를 차지한 것이다. 이제는 웬만큼, 똑 똑지 못한 남성은 여인의 손에서 얻어먹고 살게 되었다. 정히 여 인천하의 감이 있다.

그가 전후 사회를 '여인천하'라고 지칭한 이유는 여성 이 가정은 물론 다양한 사회 영역에서 주도권을 잡았기 때문이다. 남성이 이념으로, 전쟁으로, 정치적으로 싸우 는 동안 여성은 가정을 넘어 경제권, 상권, 정치권, 사교 권, 교육권 등 사회 전역을 주도하는 한편, 남성들이 만들 어놓은 '아수라장' 같은 세상에서 집안을 유지하고 가계 를 세우고 자녀를 가르쳐야 하는 역할을 놓지 않았다. 명 분 없고 의미 없는 싸움 통에 휩쓸리는 대신, 결코 포기하 지 않는 불굴의 정신으로 각성하고 투철히 전진한 덕에 "오늘의 지위를 차지한 것"이다. 이에 "똑똑지 못한 남성 은 여인의 손에서 얻어먹고 살게 되었다"라며 현 세태를 진단한다. 당대의 대표적인 남성 지식인인 박종화가 남성의 위기를 논할 정도로 전후 상권을 비롯한 경제 영역에서 여성의 활약은 대단했다.

이처럼 가장으로서 가족의 생계를 책임지는 여성의 경제활동에 감탄하는 시선을 보내면서도 당대 사회는 남성성의 위기와 공포를 언급하였다. 남성 지식인은 여성의 약진을 남성성의 상실과 위기로 이해했으며, 여성의 활발한 경제활동은 여성성의 상실로 이해했다. 즉 여성이 공적영역에 진출해 경제활동을 하는 것을 여성의 남성화 현상으로 보았다. 남성이 문제가 아니라 여성이 문제라는 것이다. 여성이 경제활동을 하면서 남성과의 종속적이고 위계적인 관계에서 벗어나서 독립적으로 자기 사업을 하고, 여성끼리 사업 영역을 형성하며 필요에 따라서는 남성을 채용하는 등 경제 영역에서 가부장적인 젠더 질서가 전복됐다고 이해했기 때문이다. 여성의 경제활동은 남성과 같은 행위를 하는 것이며, 이는 여성다움을 잃는 것으로 여겨졌다. 전쟁에 의한 경제적 위기 상황에서 생존을 위해, 특히 가족의 생계 부양을 위해서 경제활동에 뛰어든 여성을 문제화한 것이다.

한국전쟁을 계기로 확대된 여성의 다양한 경제활동은 당대 남성 지식인들에게는 불안과 공포가 되기도 했는데, 남성들은 여성의 세상이 도래한 것만 같은 위기감을 느꼈다. 이로 인해 남성중심적이고 가부장적인 사회 분위기 속에서 여성이 장사를 하거나 일정한 자본이나 기술, 교육을 필요로 하는 사업체를 호기롭게 운영하는 것은 결코 쉬운 일이 아니었다. 당시 한국 사회는 여성이 가정에서 요구되는 전통적인 성역할에만 몰두하지 않고 경제활동을 한다는 이유만으로 따가운 눈총을 보냈다.

여사장이 된다는 것은 여성의 남성화?: "내가 남성적이 되어버렸어"

남성 지식인이 주도한 사회 담론은 경제활동을 하는 여성을 부정적으로 다뤘는데, 이러한 사회 분위기에서 여성조차 자신을 여성답지 못하다고 해석하기도 했다. 양장점을 운영한 여성은 자신의 일을 여성의 직업으로 여기면서도 일하는 자신을 남성다운 것으로, 즉 여성성을 위반하는 것으로 인식했다. 양장점은 1950~1960년대에 여성이 생계유지를 할 수 있는 방편이었음은 물론, 꽤 큰돈을 만질 수 있는 자영업 중의 하나였다. 서울에 위치한 국제복장학원을 졸업하고 전라남도 광주에서

1960년대 중반부터 양장점 드맹의상실을 운영한 문광자는 광주 YWCA가 들어선 건물에 점포를 두었다. 기성복이 인기를 끌기 전인 데다 결혼식을 하면 양장을 맞춰 입는 문화가 있었던 시절이라 신부가 입을 다양한 종류의 양장과 가족들이 결혼식에서 입을 양장까지 판매했고, 그 수입은 상당했다.[7]

부산 광복동에서 양장점은 물론 양재학원을 운영한 이종수는 한국전쟁기 미군부대에 포로복 납품 입찰을 해 크게 성공한 적이 있지만, 그 경험은 양가적인 것으로 남아 있다. 우선 포로복 납품 과정에서 이종수는 양재 기술과 판단력 그리고 시대적인 감각을 바탕으로 입찰을 따냈지만 진행에 차질이 생기자 미군부대의 담당자를 직접 찾아가 담판을 지었다. 그는 미국인 담당자 앞에서 옷감에 재단하는 모습을 직접 보여주고 자신은 지나치게 이윤을 남기지 않으면서도 포로복 납품을 기일 안에 수행할 수 있는 사람임을 증명해 보였다. 이러한 그의 적극성과 능력은 미군으로부터 신뢰를 얻고 일시 중단된 사업을 재추진하도록 했다. 이 과정에서 그는 자신이 얼마나 능력 있는 존재인지를 깨달았다. 당시 그가 포로복 납품을 위해 상대한 사람들은 미국인과 한국인 등 국적은 달랐지만 모두 남성이었다. 더욱이 포로복 제작을 위

해 봉제 공장을 섭외하고 공장장과 직원들을 관리하여
제날짜에 피복이 완성될 수 있도록 했다.

　　조방, 조방에 거 가서. 인자 미리 교섭을 했지요. 그리고 또 아
이구 가니까 장사꾼이 아니니까 이래 뭐 군소리는 별로 안 해요.
내가 댁에 손해 없이 할 테니까, 나는 그렇게 욕심이 없다. 어느
정도 하면 되겠나 하는 것만 얘기를 해라. 그리고, 내가 우째도
이번에 이 사업하는 사람들이 마음씨가 너무 이래가지고 내가
일등을 하고 싶다, 당신이 좀 도와다고(도와달라고). 그래 우째 도
울까? 밤에도 염색을 해라, 낮에도 해라, 교대로 해라, 사람을 교
대시켜서 해라. 하겠습니다. 아 그렇게 나오니까 일이 되는 거지
요. 그 대신 내가 종업원들, 밤에 일하는 사람, 낮에 있는 사람, 부
식을 내가 돈을 댈게. 갖다 주마. 사다 주마. 그래가 밤에도 부식
을 사가지고 싣고 가지요. 차에 싣고 가서 다 멕이고, 낮에도 멕
이고. 그랬더니 직원들이 너무 열심히 해주는 거 있죠. 돈을 주면
안 되거든. 주인이 먹어버리거든. 그거를 알기 때문에. 한국 사
회라 하는 게 그렇지 않아요? 예? 그 종업원들을 너무 험하게 시
키지 않아요? 그래서 그 젊을 때부터 종업원들을, 그 노동자들
에 대한 것을 내가 상당히 그랬다고, 그 어렵게 몇 푼 벌어서 가
족 살리는데 애들한테 잘해야 된다 하는 거는. 그래서 그때도 공
장에 들어가면은 막 애들이 너무 좋아하는 거 있지? 공장에 수백

명이지 뭐! 그. (…) 어우 - 그래서 차를 가지고 그 부산을 헤매
고 다녔지. (그때 나이가 겨우 스물) 딱 네 살이에요. 네 살!

이종수[8]

이종수는 미군부대에 포로복을 기일 안에 납품하기
위해서 부산에서 제일 큰 공장으로 알려진 조선방직을
섭외했으며, 공장에서 노동자들에게 제대로 임금을 지
급하지 않을까 봐 계약 시 노동자들의 임금 보장을 요청
했다. 미군부대에 포로복 납품을 성공적으로 수행하기
위해 지프차를 타고 부산 지역을 누비고 다녔다. 당시
그의 나이는 고작 스물네 살이었다. 대규모의 피복 공장
을 운영하던 남자들도 여럿이 입찰에 뛰어들었고 그들
은 이종수가 납품을 제대로 못 하도록 괴롭히기도 했다.
하지만 그는 부당거래가 난무하는 남성 중심의 경제 영
역에서 자기만의 정당한 방법을 구사하며 그들과 경쟁
해 성공했다.

때로는 추근대는 남성들을 따돌리며 성적인 위험에서
도망쳤다. 집 밖에서 일하는 여성을 쉽게 대했던 당시
상황에서 그는 이를 대비하며 어려움을 헤쳐나갔다. 이
종수는 남성적인 영역으로 여겨지던 경제 영역에서 포

로복을 납품함으로써 자신의 능력을 발휘했지만 자신이
해낸 사업적 성취와 수완은 여성이 아닌 남성에게 적합
한 것으로 여겼다.

이종수는 미군부대를 찾아가 그들과 직접 담판을 짓는
등 여성인 자신이 이를 해냈다는 것을 강조했다. 그리고
포로복을 제조하는 공장을 찾아 노동자들에게 간식도 사
다 주며 필요한 돈을 과감하게 지출하면서 일이 성사되
도록 한 자신의 추진력을 남성다움으로 여겼다. 그러면서
이종수는 양장점과 양재 학원을 운영하는 것에 그치지 않
고 미군부대에 포로복을 납품한 자신을 두고 "남성적이
되어버렸어"라고 설명했다.

만날 이 애들, 동생들이 여럿이 되어놓으니, 너이나 되고 이래
놓으니. 그러고 또 아버지가 또 억지로 못 하시고 이러니까, 장녀
고 해서 내가 책임감을 느꼈어. 이건 해야 된다! 내 아니면 안 된
다! 응? 나를 내가 그거를. 그러고, 뭐라고 할꼬? 죽 – 크면서 아
버지를 도운다 하는 게 남성적이 되어버렸어, 여자가. 아주 남성
적이.

이종수[9]

이종수는 일본 유학을 다녀와 교사 생활도 했던 아버지가 있었음에도 불구하고 자신이 나서서 아버지를 도와 가족의 생계를 책임져야 한다는 생각을 가졌다고 한다. 그 시작은 만주 안동에서부터 어머니의 병환으로 아버지를 돕기 위한 것이었지만 사업이 커진 이후에는 자신의 경제활동을 두고 "남성적이 되어버렸어, 여자가. 아주 남성적이"라고 말한다. 결혼을 하거나 경제적으로 독립하기 전까지는 부모님과 가족이 경제적으로 안정되어 살 수 있도록 하는 것이 최우선이라는 생각밖에 없었다고 한다. 그런 연유로 자신의 생활력이 무척 강해졌다는 것이다. 이종수는 자신이 보였던 추진력과 사업적 수완에 대해 "밀고 나갈 때는 아주 싹 밀고 나가야지"라고 말하면서, 그러한 행동은 남자다운 것이며 그런 자신을 남자 같은 여성으로 설명했다. 이처럼 한국전쟁으로 여성의 경제활동은 크게 확대되었지만 그와 같은 모습을 바라보는 여성의 관점은 가부장적이고 남성중심적인 성별 이데올로기와 성별 규범에서 크게 벗어나지 않았다. 이는 공적영역에서 경제활동을 하는 여성에 대한 가부장적인 담론의 영향으로부터 이종수를 비롯한 수많은 여성이 자유로울 수 없었기 때문이다.

한편 이종수는 남성중심적인 경제 영역에서 자신의

목적을 성취하기 위해 때로는 남성문화를 용인하기도 했다. 포로복을 납품하고 엄청난 돈을 벌어들인 이종수는 다른 납품업자들과 함께 미군부대의 남성 군인들에게 향연을 베푸는 자리를 마련했다. 미군들은 댄스홀에서 술을 마시고 여성과 춤을 추며 유흥을 즐겼는데, 이종수는 자기 대신 춤을 추고 맥주를 마실 친구를 데려갔다. 즉 이종수는 남성 중심의 유흥문화에서 요구되는 여성의 성역할을 할 사람으로 다른 여성을 데리고 모임에 참석했다. 하지만 이종수의 아버지는 딸이 연회에 참여한 것만으로도 "딸 버린다"라는 우려를 드러내며 연회장까지 찾아왔다.

이러한 사회적인식 속에서 여성이 안정적이고 일정한 규모를 가진 사업가로 성장하는 것은 쉽지 않았다. 또 경제활동을 하면서도 살림을 하고 자녀를 돌보는 등 일과 가정을 함께 담당해야 했다. 가부장적인 젠더 질서가 강력하게 작동하는 경제 영역에서 여성에 대한 제약을 넘어서려 시도했지만, 그것은 결코 쉽지 않았다. 엄마이자 아내 그리고 며느리로서, 즉 가정주부로서 요구되는 역할은 여성 사업가로서의 성장을 가로막았다. 따라서 전후 여성은 장사나 사업 혹은 자영업 운영과 같은 경제활동으로 가부장적인 젠더 질서에 균열을 초래하면서도, 동시에 성별 규범의 제약으로 한계에 부딪힐 수밖에 없었다.

한국전쟁 이후 확대된 여성의 경제활동을 둘러싼 가부장적 담론에 대해 여성 자영업자는 자신을 여공이나 식모와 같은 하층계급 여성과는 구별 지으면서 저항했다. 이들은 자신의 직업이 여성의 성역할과 젠더 규범에 부합하며 근대적 성격을 지닌 '새로운' 직업임을 강조했다. 특히 양장점을 운영한 여성들은 중산층 이상의 경제적 배경을 가진 경우가 많았는데, 이들은 여성이 직업을 갖는 것은 남성의 부재 혹은 하층계급적 출신을 의미한다고 보면서, 자신이 응대하는 고객의 수준이 높다는 점을 강조하거나 기혼 여성으로서 남편을 잘 보필하는 능력 있는 여성으로 자신을 정체화했다.[10]

이윤 추구에 대한
부정적 인식

여성이 사업가로서 자신의 사업체 규모를 더 키우고 더 많은 이윤을 확보하는 것이 어려웠던 원인은 앞서 언급한 것처럼 가정 내 여성에게 요구되는 성역할도 있지만, 돈벌이 행위 그 자체에 대한 성별화된 경제 규범 때문이기도 했다. 양장점을 운영했던 여성은 자신의 경제 활동을 부정적으로 의미화하기도 했다. 송용순은 교사 대신에 양장점을 운영한 자신의 선택을 상당히 후회했으며 부끄럽고 잘못된 선택이라고 털어놓았다. 그는 자신의 양장점 운영을 "돈을 좇는 것"이라며 부정적으로 해석했다. 그러한 것은 남성들에게나 적합하다고 여김으로써, 돈벌이를 목표로 하는 사업은 남성의 역할이라고 본 것이다.

> 내가 우리 영감 입지를 확고부동하게 만들어주었지. 그래서 내가 돈을 벌었지. 학교에서 교사를 하는 대신에 바느질을 했지. 방도 제대로 없었으니까. 근데 후회가 돼. 교직을 하지 못한 것이. 내가 (남편) 뒷바라지를 하느라 양장점을 했지. 남편 뒷바라지를 하느라고.
>
> 송용순[11]

송용순은 교직에서 양장업으로 자신의 직업을 전환한 것에 대한 강한 후회와 아쉬움을 드러냈다. 교직은 돈벌이가 우선이 아니며 사회적으로도 여성의 직업으로서 긍

정적으로 이해되기 때문이라는 것이다. 교직 역시 양장
업과 마찬가지로 돈을 버는 것이지만 양장점 운영은 돈
을 목적으로 하는 것 이상도 이하도 아니므로 그 이외의
긍정적 가치가 있다고 여기지 않았다.

한국전쟁기 포로복을 납품해 상당한 이윤을 남긴 이
종수 역시 자신의 사업적 성취는 자랑스럽고 긍정적으
로 여겼지만, 사업을 하는 과정에서 만난 탐욕스러운 남
성 사업가를 매우 부정적으로 설명했다.

그 (웃음) 피복을 하면서 환멸을 느꼈어. 장사꾼. 피복하면서
환멸을 느낀 게 아후, 일반인들하고 나는 이기 해나가는 소질이
없다, 나는 학교다. 그렇게 본직으로 돌아갔어. 아후 지금도 일본
사람하고 접하면은 한국 사람이 준비성 없는 거하고 구체적이지
않은 거하고. 눈에 띄어서 내 이번에도 나무라고 갑니다만은, 그
때 역시도 그게. 하우 체계가 안 서고 뭔가 비유(비위)에 안 맞고
그냥 허욕을 부리고. 이번에도 하고 또 다음에 하면은 또 돈을 벌
일 텐데. 한 번에 욕심을 부리거든. 그러니까 부작용이 나지 않아
요, 무리가 가지 않아요. 그런 면에서 못마땅해 내가. 그런 거를
느낀다고. 아시겠어요? 그때. 에, 속에서 구역질이 나는 거야. 이
렇게 욕심을 부려가 이렇게 돈을 버는데도 아이 이런 식으로 해
서 살아야 되나 이렇게까지 해도 뭐 일생에 잠깐인데. 그 환멸을

느꼈어. (…) 돈이 얼마나 귀중한지, 얼마가 있는지도 모르고, 나는 가르치는 데만 열심히 했어. 돈에 욕심, 돈 세고 있으면 안 되지! 안 그렇습니까! 양재학원에서 가르치는 데 신경 써야지, 돈이야 영감하고 마 오다 말고 그러더라고. 그렇게 뭐꼬! 뭘 몰라 내가 몰라. 사실 몰라요.

이종수[12]

　그에 따르면 남성 사업가는 너무나 속물적이고 황금만능적인 태도를 가져, 그들에게 상당한 역겨움을 느꼈다고 한다. 자신은 능력은 있지만 기질적으로 이윤을 남기는 것에만 목적을 갖는 사업을 더 이상 할 수 없었다고 강조한다. 포로복 납품 이전에도 양재학원을 운영하며 여성에게 기술교육을 하고 부산에 위치한 대학에 출강하며 여대생에게 양재를 가르치면서, 돈을 버는 것 그 이상의 가치 있는 일을 하고 싶다는 인식이 강했던 것으로 보인다. 남성들은 수단과 방법을 가리지 않고 돈벌이에 마구 뛰어든다고 여겼고, 그러한 상황에서 계속 그들과 같이 일하는 걸 참을 수 없었던 것이다. 이종수는 이를 "환멸을 느꼈"다고 말한다. 그는 사업의 과정과 방식 등을 일련의 절차에 맞게, 일정한 규칙에 맞게 진행하기보다는 오로지 자본의 수익을 얻는 데만 혈안이 된 남성 사업가를 상당히 부정적으로 여겼다.

이종수는 한국전쟁 당시 포로복 납품을 하며 만난 사람들이 준비성도 없고 허둥지둥 구체적인 계획도 없이 일하는 방식을 용납할 수 없었다고 말한다. 더욱이 "체계가 안 서고 뭔가 비유(비위)에 안 맞고 그냥 허욕을 부리고. 한 번에 욕심을 부리거든"이라고 덧붙이며, 그래서 무리를 하고 그로 인해 부작용이 발생했다고 본다. 그런 것들이 자신은 매우 못마땅하고 그렇게까지 돈을 버는 데 욕심을 부리는 사람을 보니 속에서 구역질이 다 날 지경이었다는 것이다. 그렇게까지 욕심을 부려가며 돈을 버는 모습을 보며 이런 식으로 하면서까지 살아야 되나라는 생각이 들면서 사업에 환멸을 느끼게 되었다고 한다.

이로 인해 계속했으면 더 많은 돈을 벌었을 피복 장사를 그만두고 양재 학원과 대학에서 양재 교육자로서의 길을 선택하게 되었다. 이종수는 일을 하는 과정에서 제대로 규칙을 지키고 있는가를 중요하게 여겼다. 이후에 서울로 이주해 양장점을 운영하면서 만난 거래처 사람도 이를 기준으로 평가했다. 이처럼 이종수는 사업가로서 자기만의 확고한 가치관과 기준을 가진 여성이었다.

사업을 하는 사람에 대해 흔히들 이윤을 남기는 데
만 혈안이 되어 있다고 말하고는 한다. 이종수 역시 그
와 비슷한 사람들을 접한 것이라 할 수 있다. 하지만 한
국전쟁기에 그리고 전후 사회에서 새롭게 사업에 뛰어
든 여성은 남성 사업가 혹은 장사치처럼 생산성을 높이
고 이윤을 위해 어떠한 방법을 사용해도 상관없다는 데
에 무조건적인 동의를 한 것은 아니었다. 이종수는 이익
만을 좇으며 군납 입찰에 뛰어들었던 대다수의 남성 사
업가와는 달리, 자신은 돈보다는 "일을 완벽하게 끝내는
게 목적"이었다고 설명한다. 사실 그가 포로복 납품에
뛰어든 계기는 양장점 단골손님과 그 남편의 소개였기
에, 돈도 돈이지만 일을 제대로 성사시켜서 마무리하는
것이 더 중요하다고 여겼다. 남성 사업가들과 함께 일을
하면서 갈등을 겪은 이종수는 이들의 사업 방식에 반대
하고 오히려 그들을 상대로 이겨보겠다는 강한 의지를
가지고 포로복 납품을 진행하였다. 결국 이종수는 사업
하는 남성들과 달리 자신은 원칙과 기준을 지키고 공정
한 과정과 성과를 중시하며 제대로 일하는 괜찮은 사업
가임을 강조했던 것이다. 그러면서 이종수는 자신은 돈
관리를 해서도 안 되고 할 능력도 없었다고 스스로 평가
한다. 사업을 계속하는 것에 대해서 회의를 느꼈고, 자

신은 사업을 하는 데는 "소질이 없"다고 결론을 짓고, 자신의 "본직"인 양재학원으로 돌아갔다고 설명한다.

이종수나 송용순처럼 양장점 운영이나 포로복 납품을 한 전후의 여성은 돈벌이에 혈안이 된 사람들을 매우 부정적으로 여긴다. 그렇기 때문에 돈 버는 일을 부정적으로 여기며 여성에게 적합하지 않다는 결론을 내린다. 당시 여성에게 경제활동은 가족의 생계를 책임지기 위한 불가피한 선택이었음에도 불구하고, 여성은 자신의 돈벌이에 대해서 부정적인 해석을 내린다. 남성의 경우 가족의 부양자로서 경제활동을 하는 것은 자연스럽기 때문에 남성의 문제가 아니라 일부 탐욕스러운 남성 개인의 문제로 이해된다. 하지만 여성의 경우에는 가족의 생계 부양을 위함임에도 불구하고 가족을 위한 행위로 접근하기보다는 일반 여성의 문제로 확대 해석한다. 즉 남성 사업가의 행태에 대해 그리고 돈벌이 행위에 대해 부정적으로 설명한다는 것은, 남성이 주도하는 경제 혹은 사업의 영역에서 나타나는 부당한 방식을 비판적으로 이해하고 있으며, 자신은 그들과는 달리 공정하고 정당한 방법으로 돈을 버는 사람임을 드러내고자 하는 강한 욕망의 발현이기도 하다.

물론 당시 장사나 사업에 뛰어든 여성 모두가 일의 과

정에서 올바름을 추구했다고 보기는 어렵다. 하지만 장사나 사업을 주도했던 남성에게 이윤추구, 즉 돈벌이는 자연스러운 것이지만 여성에게는 새롭고 낯선 경험인 만큼, 기존의 방식과 관점으로 전개되는 경제활동을 아무런 충돌과 갈등 없이 받아들이기는 쉽지 않았던 것으로 보인다. 항상 자신보다는 가족을 비롯한 타인을 고려하고 배려하는 것을 당연하게 여기던 환경에서 살아온 여성에게 자신의 이윤만을 추구하기란 익숙하지 않았으며 받아들이기도 힘들었을 것이다.

더욱이 경제활동에 뛰어든 여성이 자신의 경험을 부정적으로 해석한 데는 전후 사회가 여성의 돈에 대한 관심과 욕망을 가부장적인 질서를 위반하는 성적 욕망과 등치했던 것과 무관하지 않다. 이는 영화적 재현으로 종종 등장하고는 했다. 〈자유부인〉이나 〈지옥화〉와 같은 영화에는 사업을 하거나 장사하는 여성을 물질적 욕망과 함께 성적인 욕망을 탐하는 위험한 여성으로 재현한다. 영화 〈자유부인〉에서 양품점에 직원으로 취업한 오선영은 결국 양품점 주인 남성과 눈이 맞았고, 또 옆집에 사는 청년과 춤바람이 난 여성으로 그려졌다. 또 영화 〈지옥화〉에서 주인공 쏘냐는 '양공주'로 상당한 돈을 번 뒤에도 기지촌을 떠나 행복한 가정을 꾸리는 데는 관심이 없고 오직 돈 버는 일에만 혈안이 된 존재로 그려지며 밀수에 참여한 것이 문제가 돼 결국 죽음을 맞이한다. 영화적 재현에서 물질적 욕망, 그리고 나아가 성적 욕망을 추구한 여성에 대한 비극적 결말은 여성으로 하여금 돈을 버는 행위에 대한 부정적인 인식을 갖도록 촉구했다. 이는 사업을 하고 점포를 운영하더라도 자신의 경제활동에 의미를 부여하고 일하는 여성으로서 확고한 정체성을 갖는 데 방해가 될 수밖에 없었다. 따라서 전후 여성은 문제적 방식으로 사업을 하는 남성들이 지배적인 경제 영역에서 자신의 소신을 지키면서도 가부장적인 시선에 구애받지 않고 당당하게 경제활동을 하기란 쉽지 않았을 것이다.

이러한 문화적 재현은 여성의 이윤추구를 성적인 욕망과 결부함으로써, 경제활동을 하는 여성을 가부장적인 젠더 질서에 의해 통제되도록 한다. 이러한 환경은 여성이 비즈니스의 세계에서 자신의 역량을 발휘하고 사업의 규모를 확장하는 것에 대한 의지와 욕망을 축소했을 것으로 보인다. 전후 사회에서 여성 사업가의 경제적 실천에 대한 부정적인 담론은 젠더적 규범으로 강력하게 작동한 것이다.

지금까지 살펴보았듯이, 한국전쟁 이후 여성 사업가

들은 경제활동을 남성의 성역할로 여기는 당대의 지배적인 인식 속에서 자기 스스로를 남성의 영역에 침입한 자로 여기며 자신의 경제활동을 부정적으로 해석할 수밖에 없는 상황에 내몰려 있었다. 이는 당시 장사를 하고 사업을 하는 여성에 대한 부정적인 인식을 개인이 극복하기란 매우 어려웠음을 보여준다. 송용순과 이종수의 구술 자료는 오랜 시간이 흐른 뒤에 채록된 것임에도 불구하고 자신의 경제활동을 여전히 부정적으로 의미화했다. 이로써 경제 분야에 진출해 자신의 사업을 주도하는 여성의 경제활동이 자연스럽고 또 당연한 것으로 이해되는 데는 오랜 시간이 걸릴 수밖에 없음을 알 수 있다.

결국, 영세한 규모의
생계형 자영업에 치우쳐

전후 여성은 전쟁이라는 위기 속에서 숨겨진 능력과 사업적 수완을 발휘했지만, 이들의 사업은 영세 상업, 생계형 자영업에 머무는 경우가 상당수였다. 전후 1950년대는 남성 사업가에게는 위기를 기회로 삼아 사업의 규모를 확장하고 때로는 재벌로 성장하는 계기가 되었다. 반면 여성이 1950년대에 사업체 운영을 시작한 뒤 산업화 시기를 거치면서 회사 규모를 키우고 사업가로 성장한 경우는 많지 않다. 양장점 국제복장사를 운영했던 최경자나 양장점 노라노의 집을 운영한 노라노와 같은 소수의 여성이 드물게나마 1950년대에 시작한 사업을 이후에도 유지·확장하여 교육사업을 하거나 해외로 상품을 수출하기도 했다.

하지만 대다수의 여성은 사업의 규모를 키우기는커녕 가족의 생계를 위해 규모를 유지하는 데 급급했다. 당시 사업체를 운영한 여사장들에게는 사업 그 자체보다는 가정경제를 책임지는 것이 가장 중요한 목표였다. 친정어머니와 시어머니 그리고 식모가 살림이나 자녀 양육을 보살펴주거나 맡아서 하는 경우도 있었지만 대다수는 일을 하면서 자녀 양육과 살림을 병행해야만 했다. 이 때문에 여성은 사업을 발전시킬 방법을 찾기 위해 고민하거나 기회를 포착하기가 쉽지 않았다. 사업과 집안 일을 모두 유지해야 했기 때문에 과다한 노동에 시달릴 수밖에 없는 상황이었다.

목포에서 양장점을 운영한 김경옥은 양장점 운영이 "자유업"이기 때문에 여성이 스스로 다 알아서 한다고 말한다. 하지만 자신은 비즈니스 정신, 즉 사업 확장이나 이윤추구에 관심이 없었다고 평가한다.

공장으로 분업으로 하는 것은 어, 그것은 뭐라고 할까? 기업이 돼가지고 주인이 있어서 좀 사람들을 따로따로 이렇게 시키는 거고. 이런 이제 우리, 이런 것은 자유업이니까, 자기 자신, 자기가 다 하는 거지. 자기가.

비즈니스하는 거잖아요.

응. 근데 그거 비즈니스 정신이 없어. 그러니까, 그 종업원들한테도 어, 봉급을 더 많이 주고. 응. 무엇을 이것을 해서 더 얼마를 받아야 쓰겠다 하고 막 이렇게 그런 것도 없고. 그것이 없었어. 내가 지금 생각을 하니까. 그러니까, 돈을 벌어, 벌지 못하고 전라도 말로는 밑진다고. 그런 생각을 안 하고 살았어. 밑진다, 이거 이거 이렇게 하면 밑진다 하는 생각을 안 했어.

양재 일을 해서 돈을 벌어서 내 생활비로 쓰기는 하지만 사람들한테 월급을 조금 주거나 돈을, 많이 벌거나 그러고 싶은 마음은?

없어. 내 생활이 딱 그냥 뭐라고 할까? 크게 막 벌일 수 있는 형편이 안 되어버리니까. 어쨌든 내가 애기들하고 가르치고 빚 갚고 그래도 목포에서는 그래도 아버지는 누구고 응, 누구 동생 이고 그러고 아는디, 내 생활이 남한테 추하게 보이지는 안 해야 되겠다 그 생각뿐이지. 돈을 벌어야겠다, 그것이 없었어.

김경옥[13]

김경옥은 종업원한테도 봉급을 더 많이 주거나 장사 를 해서 얼마를 더 벌어야겠다는 생각은 없었다고 말한 다. 그저 직원들에게 매달 봉급을 챙겨주고 자신이 밑지 는 장사를 해도 크게 개의치 않았다고 한다. 자신은 지 역 커뮤니티 안에서 양장점을 운영했기 때문에 지나치 게 이윤을 남겨서 돈을 버는 것을 상당히 부정적으로 여 겼다고 한다. 김경옥은 자신이 살던 목포에서는 자기 아 버지가 누구인지, 누구의 동생인지 등을 모두가 알고 있 는 상황에서 돈을 벌어야겠다는 생각을 갖기 어렵고 그 저 내 생활이 남한테 추하게 보이지는 않아야 되겠다는 생각만 가득했다고 한다. 한국전쟁 당시 어머니와 함께 언니가 남편 없이 여러 명의 조카를 데리고 피난을 왔기 에 당장 생계를 해결할 방법을 찾아야 했다. 그렇게 시 작한 목포에서의 양장점 운영은 생계를 위한 것에 머물러야지, 그 이상으로 돈을 버는 것은 옳은 행동이 아니라고 보았다. 더욱이 김경옥은 양장점을 운영해 벌어들인 돈을 남편이 관리하도록 맡겼는데, 자신보다 벌이가 많지 않거나 일이 일정치 않은 남편의 자존심과 기를 세워주고자 하는 의도였다. 하지만 그의 남편은 재정 관리를 철저히 하여 아내의 사업 확장에 도움을 주기는커녕 자신이 하던 사업을 확장하는 데 김경옥이 번 돈까지 가져다 쓰는 것은 물론, 자기 친구에게 보증을 서준 것이 문제가 되어 빚더미에 올라앉아 아내의 양장점까지 문을 닫도록 만들었다.

이처럼 여사장은 열심히 일을 해 돈을 벌었지만 이를 통해 벌어들인 수입에 대한 활용이나 소유, 즉 재산에 대한 권한은 부재했다. 여사장은 사업체를 운영하는 사업의 주체이기는 했으나, 자신이 벌어들인 사업소득에 대한 권한을 행사하는 데 있어서는 가부장적인 가족 관계와 부부관계 속에서 제약을 받았다. 가족 내 경제적 권한 혹은 경제권이 부재한 상황에서 사업수입을 가지고 자신의 사업에 재투자하고 또 사업의 규모를 키우는 것은 쉽지 않았다.

한국전쟁 이후 부상한 양장점이나 미용실을 운영한 여성이 사업체 운영에 있어서는 독립적인 결정 권한을

가지고 독자적으로 할 수 있는 사업으로 이해되었지만,
이를 통해 벌어들인 수입에 대한 권한은 남편을 비롯해
친정어머니 등 가족의 강한 영향과 통제를 받기도 했다.
결국 전후 여성이 운영한 사업체의 규모는 영세한 채로
지속될 수밖에 없었다.[14]

산업화 시기 상품을 해외로
수출하는 여성 기업인의 등장

여사장을 둘러싼 담론의 (다)변화:
주부 경영인에서 여성 경영인까지

한국전쟁 이후 부상한 여성의 자영업은 산업화 시기를 거치면서 분야와 그 운영 내용이 다양해지고 규모도 확대되었다. 1965~1975년에 여성 사업가가 경영하는 업체의 수가 두 배 이상으로 증가했다. 사업하는 여성의 변화하는 모습은 신문 등 지배적인 담론에서도 나타나기 시작했다. 1971년 경제 전문지인 《매일경제》에서는 기획 연재 「여사장」을 통해 열네 명의 여사장을 조명했다.[1] 이 기사에서 소개한 여사장의 면면을 살펴보면, 1945년 천혜당약국을 세웠고 1948년에는 천혜당제약사를 설립한 오취죽, 차량 130대와 종업원 200명 규모의 명진운수공사를 운영한 문숙, 인삼 제품을 해외로 수출하는 개풍양행을 운영한 국일순, 분식 기업 대한분식

장려관을 설립한 왕준연, 신풍문화인쇄사를 운영한 한정자, 전기업의 일환인 일신전업사를 운영한 강봉림, 마산택시주식회사를 운영한 배정예, 소예인형연구소를 운영한 이상숙, 26년간 공생토건주식회사를 운영한 송명신, 1967년부터 번계건설을 설립하고 문화재 보존 공사에 주력한 윤영순, 용두동에서 40여 명의 직원을 채용하여 목공예를 중심으로 한 아세아민예사를 운영한 양경순, 한국전쟁 시기에 양품상을 시작으로 "사업하는 여성"이자 "처녀 사업가"의 고난을 거치며 보석상 다이아나사를 운영한 맹송지, 의료 기구를 보급하는 삼우기기상사를 운영한 송재영, 출판사 석암사를 운영한 이경희 등이다. 이처럼 1966년에 종합 경제지로 창간해 1970년 주간에서 일간으로 변경한《매일경제》는 다양한 분야에서 사업하는 여사장에 대해 관심을 보였다. 직원 규모 200명으로 영세자영업을 넘어선 대형 사업체를 운영하는 여성도 있으며, 제약 회사, 수출 회사, 전업사, 택시회사, 문화재 관련 건설사 등 주로 남성이 진출하는 분야에 종사하는 여성도 있다. 이는 사업하는 여사장의 진출분야가 다양할뿐더러 여성이 남성의 영역에도 진출하고있음을 드러낸다.

또한 1975년《경향신문》역시 여사장을 소개하는 기

획 연재 기사를 발간한다.[2] 이 기사에서 소개한 여사장은 서울 종로구에서 윤보석사를 운영한 윤교순, 1970년에 인천시 부평에서 한일전자를 설립하고 운영한 이현숙, 1972년 8월 애경유지 사장으로 취임한 장영신, 부산에서 봉제품 제조업체 동명사를 운영한 이효례, 1968년 부산시 동래구에서 화신약품을 설립하고 운영한 정옥근, 남편 유업을 넘겨받아 출판사 홍지사를 운영한 윤봉연 등이다. 이 기획기사에서는 여사장의 비율이 서독에서 특히 높다고 했으며, 여사장을 '주부 경영인'으로 호명하고 이들의 회사는 물론 집안에서의 생활도 소개했다. 연재 기사 중 1975년 10월 2일 자《경향신문》에 실린 「여사장 ③ 애경유지 장영신 씨」라는 기사는 여사장이 아내이자 어머니로서 가족을 책임져야 하는 주부라는 정체성을 강조한다. "개인의 능력만 있다면 기업경영에 있어서 여성도 남자를 능가할 수 있다고 봅니다"라며 여성의 사업 경영에 의미를 부여한다. 그러면서도, "주부 경영인의 안팎 생활 애경유지 장영신 씨, 재개 모임선 외톨 느낌…… 새 제품 유해 실험 자청도. 휴일은 꼭 가족과 함께…… 사업에서의 해방감 만끽"이라는 부제를 통해 가족 내 여성의 위치가 갖는 중요성을 드러낸다. 어머니라는 정체성을 지닌 여성 사업가는 "하루 일을 끝내고 집에 들어갈 때는 머릿속에서 사업에 관한 모든 일을 떨쳐버린다"라거나 "기업경영과 가정생활은 엄격히 구분돼야 한다고 생각"하기 때문에 "집에 있을 때는 일체 사업에 관한 생각은 아예 떠올리지 않는다"라고 말한다. 이는 결혼한 여성이 사업을 할 경우, 가정에서는 사업에 관한 어떤 것도 생각하지 않고 주부로서의 역할에만 충실해야 함을 강조하는 것과 마찬가지이다. 다시 말해, 여사장이 기혼 여성일 경우 '주부 경영인'으로서 집안에서는 아내와 어머니 역할을 손색없이 해내야 한다는 의미이다. 동일한 기획기사로 10월 4일 자에 실린 「여사장 ④ 부산 동명사 이효례 씨」에는 "저녁 8시 이후엔 꼭 아내와 엄마로"라는 부제가 달렸다. 이 기사는 이효례라는 여사장의 목소리로 "여성들이 남자들과 똑같이 사회 활동을 하고 나서는 것도 좋지만, 남편에 대한 아내로서 자녀에 대한 어머니로서의 할 일을 다 하지 못하는 것은 바람직하지 못한 일"이라고 언급한다. 이는 기혼 여성은 사회 활동을 하더라도, 아내이자 어머니로서의 성역할을 망각해서는 안 된다는 뜻이다. 기혼 남성 사업가에게 가족 내 아버지의 역할을 강조하는 기사는 부재하지만, 사업하는 기혼 여성에게는 어머니의 역할을 망각하지 말라고 말한다.

또한《매일경제》는 1976년 4월부터 5월까지 「주부 경영기」라는 제목으로 사업하는 기혼 여성을 소개한다.[3] 모두 열여섯 명의 '주부 경영인'을 다룬 이 연재 기사에서는 양장점, 출판사, 액세서리점, 화원, 잡화점, 시계점, 수예점, 조화造花 판매점, 미용실, 식품점, 음식점, 가구점, 보세품점, 유리그릇 상점, 맞춤복점, 양화점 등 다양한 업종의 여성을 소개한다. 큰 규모의 사업체보다는 소규모 자영업에 주목하면서 1970년대 '부업'이라는 이름으로 여성이 자영업에 진출했을 뿐 아니라 적극적으로 경제활동했음을 보여준다. 1970년대 초 '여사장'이던 명칭이 1970년대 중반 '주부 경영인'으로 변화했음을 알 수 있는데, '여사장'이라는 용어는 결혼의 여부를 드러내지 않는 반면에 '주부 경영인'이라는 용어는 지칭하는 대상이 기혼 여성임을 분명하게 나타낸다. 이 용어는 사업하는 여성이 결혼한 존재임을 단적으로 드러내는 표현인데, 이는 동시에 기혼 여성의 사업체 진출을 가시화하면서 독려하는 성격을 갖는다. 특히 1970년대 산업화 과정을 거치면서 한국 경제의 다양한 산업 분야가 성장했고, 그 때문에 기혼 여성의 경제활동을 장려하게 되면서 사업하는 여성에 관한 담론 역시 증가했다.

산업화 시기 국가 주도의 남성중심적 경제개발 담론

속에서 여성 사업가는 가정 내에서는 여성 '본연의' 성역할에 충실해야 했으며, 사업의 영역에서는 국가경제의 성장과정에 참여해 일정한 역할을 해야 했다. 이는 여성을 담론적으로 국가의 경제성장에 필요한 존재로 인정하는 동시에, 가정 내 여성의 성역할 역시 병행하기를 주문하는 것이었다. 이때 여성은 공적영역에 진출한 여성 사업가이면서도 가정에 충실하고 섬세하며 자상한, 외적으로는 가냘픈 몸매의 여성다움 혹은 여성성을 지닌 성별화된 경제적 주체로 담론화되었다. 또한 경제적 여성 주체인 '주부 경영인'은 남성중심적이고 가부장적인 남성 질서를 거스르지 않는 현모양처의 가치관을 가진 여성이 되기를 요구받았다. 그러므로 산업화 시기 '주부 경영인' 담론은 여성 사업가를 기혼 여성, 즉 아내이자 주부, 어머니로서 바라보고, 그들이 집 밖에 나가 사업을 하더라도 가정이라는 사적영역에서 요구되는 여성의 성역할을 병행하도록 의미화했다는 것을 알 수 있다.

하지만 1970년대 중후반, '여성 경영인' 혹은 '여성 기업인'이라는 용어가 등장하면서 여성도 가정, 즉 사적영역과 무관하게 독립적인 경제활동을 하는 주체로 이해되기 시작했다. 이런 변화의 배경에는 1970년대 중후반 여성단체를 중심으로 진행된 여성의 지위 개선을 위한 논의가 있었다. 1975년 멕시코 세계여성대회를 계기로 '여성의 해'가 선포되고, "여성의 노동력을 경제발전의 원동력으로 흡수하여 개발하자"라는 움직임도 전개되었다. 1975년 12월 15일 자로《매일경제》에 실린 기사 「여성운동 어디까지 왔나. 여성의 해 결산 ⊕ — 여성과 경제」는 여성의 경제활동 참가율이 전체의 40퍼센트라는 점을 밝히며, 여성에게 남성과 동등한 기회와 대우, 동등한 보수를 보장하는 정책이 필요하다고 강조한다.[4] 이처럼 여성이 사업가, 기업가, 경영자로 이해될 수 있었던 데는 여성운동과 여성정책 등으로 인한 여성의 의식 확장이 중요한 역할을 했다. 이 외에도 1970년대 이후 가족계획과 피임법의 발전은 여성으로 하여금 임신, 출산, 양육 등 재생산 노동을 하는 데 드는 시간을 크게 감소시키면서 경제활동에 참여하도록 하는 실질적인 계기로 작용했다.

산업화 시기 한국 경제의 성장과정에서 여성은 공장의 노동자나 전업주부로만 머물지 않았다. 여성 역시 다양한 규모의 사업체를 운영하며 자기 고용을 통해 일자리를 확보했고, 경제성장을 이끌어가는 존재였다.

정부의 수출 지원 정책과 여성 사업가 :
드문 사례

산업화 시기 국가가 수출 위주의 경제정책을 펼치면
서, 그 혜택을 받아 사업을 확장한 여성 사업가가 드물게
존재했다. 1960년대에 편물과 봉제를 만드는 연구소를
열고 박정희 정권의 지원으로 사업체를 상당한 규모로까
지 확장한 사례가 있었다. 소규모 작업장을 상품을 대량
생산하여 해외로 수출하는 큰 사업체로 키운 여성 사업
가가 등장하면서, 한국 사회에서 본격적으로 여성 기업
가 혹은 여성 경제인이 부상했다. 1971년 《매일경제》에
소개된 여러 명의 여사장 가운데 소예인형연구소의 이상
숙 사장의 이야기이다. 이상숙은 산업화 시기 남성중심
적인 경제 영역에서 양재나 수예와 같은 '여성적 기술'과
미적인 감각 등을 활용하는 여성 친화적인 분야에서 사
업체를 성장시켰다. 이상숙은 인형이나 완구를 생산하여
수출하는 수공업에 진출했다. 그는 1987년부터 1993년까
지 한국여성경제인연합회의 6~7대 회장을 역임하기도
했다.

이상숙 사장이 인형을 해외에 수출할 수 있었던 배
경은 무엇일까. 1965년 소예인형연구소라는 개인사업

을 시작해 어떻게 이러한 사업적 성취를 얻을 수 있었을까? 또 그는 어떻게 소예산업이라는 사업체를 중견기업으로 일구고 인형을 해외로 수출하게 된 것일까?

먼저 이상숙이라는 여성을 잠시 살펴보면,[5] 1931년생으로 유년 시절에는 경기도 용인에서 지내다가 해방 이후 아버지가 미군정청에서 근무하게 되면서 서울 용산구 청파동으로 이사했다. 서울에서 타이피스트학원과 서울가정보육사범학교를 다녔고, 한국전쟁이 끝난 후에는 수도여자사범대학교와 숙명여자대학교에 편입했다. 이상숙이 한국전쟁 이전에 근무하던 건설사가 대전으로 피난을 가면서 그도 따라가 직장 생활을 했는데, 당시 직장 상사였던 열세 살 연상의 남성과 한국전쟁 당시 결혼했다. 그는 1950년대 후반 숙명여자대학교에 편입했을 때 결혼한 여성임을 숨기기 위해 한복 대신 양장을 입고 다녔다고 한다. 숙명여자대학교에서 가정학을 전공했던 이상숙은 1962년 서울 노량진의 모자원에 수예 강사로 취업했다. 그는 모자원에서 만든 수예품을 미군부대 부스에서 판매하는 일을 맡았는데, 그것을 계기로 1965년 소예인형연구소를 설립하고 인형 장사를 시작했다. 이때만 해도 인형 제작은 모자원에서 학생으로 만난 여성과 함께 가내수공업 형태로 전통적인 한국 인형을 만드는 수준이었다.

그러다가 명동 신세계백화점에 매대를 마련하고 서울을 방문하는 관광객에게 한국 전통 인형을 판매하는 형태로 성장한다. 당시 박정희 정권의 코트라KOTRA, 대한무역투자진흥공사는 수출진흥정책을 펼치면서 해외로 상품을 수출할 기업을 발굴하고자 했는데, 때마침 신세계백화점에서 판매하던 이상숙의 수공예품이 수출 품목으로 선정되는 일이 벌어진다. 이로써 그는 해외로 인형 및 완구류를 수출할 수 있도록 정책적 지원을 받는다. 이상숙의 소예인형연구소는 1970년 소예산업으로 명칭을 변경하고 본격적인 수출에 뛰어들었으며, 1980년에 사업을 확장해 주식회사 소예로 이름을 다시 변경했다. 이상숙은 대표이사이자 사장으로 취임하기에 이르렀다. 이상숙의 회사는 모자원에서 기술을 배우던 열다섯 명 정도의 여성 노동자와 함께 조촐히 시작했지만, 이후 직원의 수가 2천 명 정도로 증가했다.

이상숙은 여성 경영자로서 자신의 능력을 신장하기 위해 1970년대 초 고려대학교 경영대학원에 진학했는데, 당시 경영대학원의 유일한 여성 사업가였다고 한다. 이상숙은 1988년까지 사장을, 그리고 2003년까지 명예 회장을 역임하다가 일선에서 물러났으며, 그 후에는 숙명여자대학교 총동문회장과 법인이사, 한국기독실업인회 부회장을 역임하며 통일 선교에 참여하는 등 적극적으로 사회 활동을 이어갔다. 이상숙은 1977년에 박정희 대통령으로부터 수출 부문 대통령 표창(금자탑상)을, 1984년에는 전두환 대통령으로부터 대한민국 국민장 석탑산업훈장을 수여받기도 했다. 그는 처음 스스로를 여사장 정도로 여겼지만, 사업을 성장시키면서 '여성 경제인'으로 자신을 정체화했다.

봉제완구 수출을 위해서는 혼자 한 달이 넘는 기간 동안 해외 출장을 다녀야 했다. 인형 샘플이 든 보따리가 하도 크고 무거워 이동하다가 분실한 적도, 혼자 너무 고생스러워 호텔방에서 눈물을 흘린 적도 여러 번이었다고 한다. 또 이상숙은 1960년대 사업을 시작했을 때 '전쟁미망인'이라는 오해를 받았다고 한다. "1965년 주식회사 소예를 창업해 완구 제품 등을 수출했어요. 당시만 해도 여성의 사회 활동이 거의 이뤄지지 않았던 터라 여성이 사업한다고 하니 미망인이라는 오해를 많이 받았죠." 이상숙은 남성들을 상대하면서 성희롱적인 발언을 듣는 경우도 여러 번 있었으며, 해외 바이어가 가난한 한국을 무시하는 바람에 화가 나서 계약을 파기한 경우도 있었다고 한다. 이상숙이 집 밖에서 사업체를 운영하는 동안, 시어머니와 큰딸이 그의 빈자리를 채웠다고

한다. 시어머니가 자녀 양육과 살림을 맡아서 돌봐주었
지만, 그럼에도 사업과 가정을 모두 책임져야만 했기 때
문에 너무나도 버거웠다고 한다. 이상숙은 이러한 고뇌
때문에 보따리 두 개를 들고 있는 자신의 모습을 꿈에서
항상 마주했다고 말한다.

매번 꿈에 보따리 두 개가 나왔다고 하셨는데요?

회사 일하고 가정 일하고. 가정의 아이들 문제, 이런 거를 케어
하는 게 너무 힘들었어요. 아이들이 뭐, 예를 들어서 큰엄마가, 우
리 큰동서님이 계셨는데 한동안은 우리가 집을 팔아가지고 갈 데
가 없어서 큰댁에 가서 지냈거든요. 그랬는데 뭐 화장대 앞에다
동전을 놓았는데 그 동전이 없어졌다는 거야. 하아 이러면 내가
우리 큰놈을 거기서 야단칠 수도 없고. 가까이에 남산이 있었는데
남산 기슭이 이렇게 동네까지 많이 내려와 있었어요. 그리로 데리
고 가서 회초리로 때려주고. 그러면 내가 그냥 죽이는 줄 알아. 아
들이 그렇게 무서워해. 아, 난 그거 생각하면 지금도 얼마나 후회
가 되는지 몰라.

이상숙[6]

이상숙은 해외 출장까지 다니며 사업을 했기 때문에 살림을 하고 자녀를 돌보는 것에 어려움이 많았다. 그 때문에 자녀가 잘못을 했을 때는 더욱 엄하게 꾸짖었다. 시어머니와 큰딸, 남편도 있었지만 그가 짊어진 가정과 사업이라는 두 개의 짐은 한시도 그를 편히 쉴 수 없도록 했다. 일과 가사를 병행하면서 "죽고 싶을 만큼" 심신이 지친 그는 경상남도 양산에 위치한 통도사에 들어가 몇 달을 요양한 적도 있었다. 그렇게 힘든 과정을 거치며 회사를 운영했지만 중도에 포기하지는 않았다.

정부로부터 수출 정책의 지원을 받기도 했지만, 그가 사업체를 그토록 성장시킬 수 있었던 것은 남성 사업가와는 다른 방식의 바이어 접대와 가족 친화적인 경영 때문이었다. 그의 회사에서 제조한 인형을 수입하는 바이어는 주로 유럽이나 미국의 남성 사업가였다. 당시 사업은 남성의 영역으로 이해되었고, 남성중심적인 비즈니스 세계에서 해외 바이어와 계약을 성사하고 거래를 지속시키기 위해서는 유흥과 성 접대가 일반적으로 이루어졌다고 해도 과언이 아니다. 하지만 이상숙은 한국인이라는 강한 민족적 정체성을 가진 여성으로서, 그리고 결혼해 자녀가 있는 여성으로서 일반적인 남성 사업가와는 아주 다른 방식으로 외국 남성 바이어를 상대했다.

그는 남편이 마련한 넓은 자택으로 외국의 바이어를 초대해 가든파티를 열었으며, 서울대학교 음대에서 성악을 전공하던 딸에게 성악 공연을 시키는 등 가족들과 함께 바이어를 환대하고는 했다. 그의 접대 방식이 외국 바이어에게 좋은 인상을 남겨 지속적인 사업파트너 관계를 형성할 수 있었으며, 외국의 여성 바이어가 방문하는 경우에는 더욱 친밀하고 신뢰할 수 있는 관계를 맺었다고 한다. 사업의 규모가 커지면서 남편이 회사 운영에 참여해 재정을 담당했으며, 이후 아들도 경영에 참여했다. 하지만 회사의 상품 기획 및 개발 등 주요 결정은 일선에서 물러서기 전까지 이상숙의 담당이었다. 비록 남편과 아들이 경영에 참여했지만 회사의 핵심적인 영역에서 그의 역할은 결코 축소되지 않았다.

남편이 이제 사업을 도와주고 그래도, 제가 오너십을 가지고 있으니까. 처음 시작한 게 제(저)고, 또 비즈니스 자체가 외국에 수출하는 거고. 또 고객이 외국인이고. 그러니까 오너십을 내가 가지고 있는 거죠. 그러니까 미안하지만 (웃음) 회장으로 모시고, 남편이 회장이고.

그러니까 남편의 위치는 약간 형식인 거죠?

예예. 회장으로 모시고 내가 이제 사장이면서 실권은 사장인 제가 가지고 있는 거죠. 왜냐하면 회사가 살아야 되니깐요. 이거는 뭐 남 보기 좋게 벌이는 쇼가 아니고 돈 - 을 벌어야 되고 돈을 지켜야 되는 단체니깐. 그래서 1988년도까지 제가 계속 오너십을 갖고 있었어요.

이상숙[7]

이상숙의 회사 규모가 커지면서 남편이 뒤늦게 합류했음에도 불구하고, 회사의 실질적인 경영권은 이상숙이 갖고 있었다. 그는 회사 운영의 핵심이라고 할 수 있는 상품 개발과 디자인은 물론, 직접 해외 출장을 떠나 시장조사와 해외 바이어 상담과 접대를 담당했다. 또 직원 채용도 그의 역할이었다. 소규모 사업체에 지나지 않았던 회사를 중견기업으로까지 키워낸 이상숙은 20년이 넘게 사장으로 일했다. 그는 사업하던 당시 이미 언론에서 많은 주목을 받았는데, 이는 이상숙에 관한 기사의 수를 통해서도 알 수 있다. 당시 신문에서 이상숙은 중소기업을 이끄는 리더, 즉 여성 경제계의 대표자이자 '수출 여왕'으로 일컬어졌다.

이처럼 산업화 시기 등장한 여성 사업가는 비록 그 수

가 많지는 않았지만, 일정한 성과를 낸 사례가 있었다. 특히 이상숙처럼 여성의 장점을 최대한 발휘하여 사업적 성과를 얻은 경우가 나타났다.

전후 재건 시기에서 산업화 시기로 접어들면서 박정희 정부는 은행을 비롯한 경제 관련 정책을 입안하고 제도화했다. 이러한 과정을 남성 정치인과 경제인이 주도하면서 경제 영역은 더욱 남성적이 되었다. 수출을 중시하는 사회에서 나이 어린 '미혼' 여성은 경공업 분야의 저임금노동자로 수용되었고, 여성에게 요구된 역할은 충분한 교육의 기회를 거친 전문적인 인력이 아닌, 가족과 국가를 위한 노동자였다. 당연히 사업을 하는 것은 여성에게 적합하다고 여겨지지 않았다. 이상숙은 그가 처음 사업을 시작하면서 '회사' 대신 '연구소'라는 용어를 사용한 이유는 '연구소'라는 말이 여성에 대한 젠더 규범을 위반하지 않기 때문이라고 강조했다. '소예小藝'라는 이름도 여성이 다루기 알맞은, 크기나 규모가 작은 예술을 의미한다고 한다. 당시 여성이 경제 영역에서 사업을 하며 주도적으로 행동하는 것이 여성답지 않다고 이해되었기 때문이다. 다시 말해 여성이 공장노동자처럼 종속적인 위치에서 가족이나 국가를 위해 화폐소득을 올리는 것은 당연하고 의미 있는 일이지만, 회사를 이끄는 사업가가 되는 것은 적합하지 않았다. 이상숙은 사업을 하는 여성에 대한 부정적인 인식이 지배적인 상황에서도 자신의 능력을 발휘하며 여성 사업가로서 두각을 나타냈다.

이상숙과 같은 여성 사업가의 부상과 활약을 주목하는 기사들이 나타났다. 1978년 7월 14일 《매일경제》의 기사 「맹렬여성들 ① 뛰며 일하는 동신통운 (주) 박영숙 사장」에서는 택시 한 대로 시작한 박영숙 사장의 사업이 용달차 100대 규모로 불어났다고 보도한다.[8] 이어진 연재 기사에는 화랑 주인, 부동산 대표가 소개되었다. 하지만 당시 사업하는 여성에 관한 기사 상당수가 종합지가 아닌 경제 전문지인 《매일경제》에 보도되었다는 것은, 한국 사회가 그만큼 여성의 사업 진출에 보수적으로 접근하고 있었음을 뜻한다.

여성 경제인
모임의 결성

산업화 시기 본격적으로 여성 사업가가 등장하면서 여성 경제인 모임이 만들어지기도 했다. 1971년에 여

성 경제인이 모여 대한여성경제인협회를 창립했다.[9]
초대 회장인 편정희 삼풍수산 주식회사 대표이사가
1971~1977년까지 회장을 역임했는데, 편 회장은 대한운
수 대표이사 사장직도 맡은 바 있다. 대한여성경제인협
회의 활동은 경제 전문지인 《매일경제》에 소개되기도 했
는데, 창립한 해인 1971년 9월 30일에 협회에서는 제1회
강연회 〈추석과 가계〉가 열렸다는 내용이다. 당시 현기
순 서울대학교 교수는 〈부엌 경제〉라는 제목으로, 김인
자 서강대학교 교수는 〈추석을 앞둔 주부들의 경제〉라는
제목으로 강의를 열었다. 설립 초기만 해도 협회는 한국
사회에서 주부의 경제적 역할에 초점을 두고 활동을 이
어갔다.

하지만 1973년에는 여성 경제 교양강좌로 〈여성과 경
제〉 〈여성과 산업〉 등을 열며 좀 더 경제인 협회다운 내
용을 다루기 시작했다. 대한여성경제인협회는 창립할
때만 해도 친목회 정도의 규모였는데, 1974년에는 "여성
기업인이 3천여 명으로 늘어난 장족의 발전"을 했다. 편
정희 회장은 "사업이란 아직까지 남성들의 손아귀에서
벗어날 수 없는 것으로 인식되어오고 있는 우리 실정에
서 상당한 파워의 그룹이 형성되고 있는 것만이 사실이
다"라고 말했다. 편 회장은 "여성도 경제를 알아야 할 시

기가 왔다"라며 경제활동의 주역으로 여성의 위치를 공고히 해줄 것을 모든 여성에게 당부했다."[10] 1976년 상반기 《매일경제》는 「일속에 보람이… 직장에서 활동하는 주부들」이라는 연재 기사로 다양한 분야에서 경제활동을 하는 여성을 소개했다. 여기에는 직장 생활을 하는 주부를 비롯해, 의상실 주인, 한복 의상실 주인 등이 있었다. 편정희 회장 역시 이 기사에서 "여성들의 경제 의식에 관심이 많은 여성 경제인"으로 자신을 소개했다.[11]

대한여성경제인협회는 1977년에 '(사)한국여성실업인회'로 명칭을 바꾸고 사단법인으로 등록한다. 서울 명동에서 국제양장점을 운영했던 최경자 국제패션디자인학원 명예 이사장이 초대 회장으로 선출되어 1979년까지 역임했고, 2대 회장에는 ㈜제일창업 대표이사인 이영숙이 선출되어 1983년까지 역임했다. 이영숙 회장은 취임 인터뷰에서 기업을 이끌어가기 위해 가장 필요한 것이 자금인 만큼 여성 실업인의 힘으로 여성 은행을 만드는 것이 포부라고 밝히고 "여성 은행을 위한 기초 작업으로 우선 신용협동조합을 만들어 전국적으로 조직을 확대할 계획"이라고 말했다.[12] 1979년 조직의 이름을 다시 사단법인 '한국여성경제인연합회'로 변경했는데, 이때 회원 자격은 "생산 제조업체 및 이와 관련 있는 법인과 개인업주인 여성"으로 되어 있으나, "고매한 인격과 지도자적 자질을 갖춘 여성 기업인이면 누구나 이사회의 승인을 받아" 회원으로 가입할 수 있었다고 한다.[13] 퀸비가구 백영자 회장, 소예산업 이상숙 대표이사, 제일중공업 허복선 회장, 주식회사 애경의 장영신 회장 등이 이후 회장직을 지냈다. 당시 한국여성경제인연합회는 많은 사업을 펼치지는 못했지만 여성 사업가를 위한 지원과 노하우를 공유하는 최소한의 자리를 마련했다고 할 수 있다.[14]

지방에도 여성 경제인의 모임이 형성됐다. 부산의 경우, 여성 경제인 모임이 두 개가 결성되었다. 김문숙 사장이 결성한 부산여성경제인연합회와 한국여성경제인협회의 부산 지회인 부산여성경제인협회가 1976년 발족했다.[15] 1981년 부산여성경제인연합회를 설립한 김문숙 사장은 영화 〈허스토리〉(2018, 민규동)의 주인공 문정숙으로 영화화되어 널리 알려지기도 했는데, 부산 지역의 일본군 '위안부' 운동을 비롯해 여성운동에 참여한 이력이 있다. 대구에서는 대구여성경영자협의회가 1977년에 설립되었다. 《조선일보》 1977년 4월 19일 자 기사인 「이웃돕기 앞장 '여사장 클럽'」에 따르면, 대구의 여성 기업인으로 구성된 '여사장 클럽'인 대구여성경영자협의회는 회장 최동원을 중심으로 50명의 회원이 모여 발기했으며, 1974년 8월 설립했다고 한다. 대한상공회의소에서 여성 사업가들에게 모임 조직을 권유한 것이 계기가 되어, 처음 열다섯 명이던 발기인이 이후 50명으로 늘었다고 한다. 사오십대의 여성 사업가가 회원의 다수를 차지했고, 직물 계통이 스물두 명, 기계 계통 다섯 명, 자수 및 요리 학원 사장이 네 명, 그 외에도 운수, 철공, 주물, 주택건설, 여행사, 제약회사 등 "남성들이어야 할 수 있는 직업도 많이 갖고 있다"라고 소개한다. 1977년 11월 23일 자 《경향신문》의 「대구여성경영자협의회 74년에 전국 최초로 모여」라는 기사에는, "여성 특유의 세심한 경영술로 자기의 기업을 날로 번창시키면서 기업이윤의 사회 환원을 솔선 실천하고 있어 남성 사장들의 혀를 차게 하고 있다. 여성의 사회진출이 활발해지고 권익옹호의 소리가 드높이 울리는 요즘 여성이 사회 일선에서, 그것도 경영자로서 활동하기에는 많은 어려움이 뒤따른다. 이 어려움을 헤쳐가면서 참다운 여성 경영자상을 확립하기 위해 모인 단체가 바로 이 여사장 클럽인 대구여성경영자협의회"라고 의미를 부여하였다. 대구여성경영자협의회에 참여한 회사에는 평광섬유, 세일직물 등이 있다고 보도되었다. 이처럼 여성 사업가를 여성다움과 '사회 환원'을 중심으로 소개하고 있다.

이 외에도 여성 기업인들은 모임이나 단체를 통해서 사회 봉사활동에도 참여했는데, 1979년 8월 17일《조선일보》기사「커피 한 잔의 영수증 모아 불우 소년 복지 회관 건립」에 따르면, 여사장 여덟 명이 모여 휴지 줍기를 하는 등 사회적으로 주목받기도 했다. 이렇게 1970년대 후반 여성 경제인 모임이 서울, 부산, 대구에 결성된 것을 통해 여성 사업가의 모임 활동이 초기 윤곽을 드러냈다는 것을 알 수 있다.

1980년대 이후
여성 기업인의 본격적인 등장

대기업을 운영하는
여성 '회장님'의 등장

1980년대 사업하는 여성이 증가하면서 '주부 경영인'이라는 용어에서 결혼 여부를 구분하는 주부라는 표현은 제외되었고, 일정한 규모 이상의 사업체를 운영하는 여성 사업가를 지칭하는 '여성 기업인'이라는 용어가 사용되기 시작했다. 산업화 시기 가족경영을 바탕으로 재벌 기업의 부상과 함께 재벌가의 여성이 경영에 참여하기 시작한 것이 이러한 변화에 영향을 주었다. 즉 대기업을 운영하는 남성 사업가의 아내나 딸이 가업에서 일정한 역할을 맡아 여성 기업가나 여성 경영인으로 기업 경영에 참여한 것이다.

여성은 자신이 직접 키운 사업체를 운영하기도 했지만, 남편의 사업체를 넘겨받은 경우도 적지 않았다. 대기업인. 애경그룹을 오랫동안 운영한 장영신 회장이 대표적이다. 장영신 회장은 대학을 졸업하고 유학을 다녀온 엘리트 여성이었지만, 결혼 후 남편이 사망하기 전까지 자녀를 키우고 살림을 하던 주부였다. 그러나 1970년 남편의 사망으로 전업주부에서 대기업을 이끄는 회장이 되어 사회적으로 많은 주목과 관심의 대상이 되었다.[1] 남성중심적인 기업조직에서 장영신은 회장이라는 위치에도 불구하고 여성이라는 이유로 취임 초창기에는 많은 어려움을 겪었다. 장영신 회장은 자서전에서 회장 취임 후 남성 직원들이 여성 회장에게 사인을 받는 것이 자존심 상한다며 회사를 옮기는 경우가 있었다고 말한다.[2]

경영에 관한 경력을 갖추지 못했다는 사실에 더해, 여성이 회사를 이끄는 오너이자 경영자라는 점이 남성들에게 받아들여지기 어려웠던 것으로 보인다. 물론 시간이 지나면서 장영신 회장은 회사 운영의 장악력을 키웠고 회사에서 인정받는 여성 회장으로 거듭났다.

2003년부터 현대그룹을 이끈 현정은 회장 역시 전업주부였으나 남편이 사망하면서 회사 경영에 참여했다. 현대그룹의 5대 회장인 현정은은 대학에서 학사와 석사 학위를 취득했지만 결혼 후 전업주부로서 살림과 자녀 양육에 집중했다. 이처럼 대기업을 경영한 남편의 사망으로 회사 경영에 뛰어들게 된 여성 사업가들은 회장 취임 때부터 경영 능력을 의심받았다. 장영신 회장과 현정은 회장은 경영학을 수학하거나 경영을 공부하며 회사 운영에 참여한 것은 아니었다. 남편의 갑작스러운 사망으로 남편의 역할을 대신해 회사 경영에 참여하면서 가부장적이고 남성중심적인 기업조직에서 많은 어려움을 겪기도 했지만, 점차 자신의 능력을 발휘하며 경영 성과를 이끌어냈다.

　다른 사례들도 확인할 수 있다. 1977년 9월 6일 자《매일경제》기사「동천제작소 여장부에 특별지원 혜택」에서는 롤링 베어링을 생산하는 동천제작소의 이은수 사장이 일본에서 열린 기계 전문 공장 대표자 모임에 참석했다고 소개했다. 그 역시 남편의 유지를 받아 회사를 경영하게 된 경우였다. 꾸준한 훈련과 경험으로 대기업 회장이 된 것은 아니었지만 경제 분야에서, 그것도 대기업을 이끄는 여성 경제인이 가시적으로 등장하면서 한국 사회에서 많은 주목을 받았다. 남편의 뒤를 이어 회사를 경영하는 여성은 여성이라는 성별의 '한계'를 극복하고 '여장부'로서 남성 중심의 영역에서 능력을 발휘했다고 강조했다.

　1973년 11월 28일 자《경향신문》의 기사「혈족시대서 경영자시대로 한국재벌 새 구도─롯데 그룹」에서는 "국내 재벌 그룹 가운데 유일한 여사장이라는 점에서 특이한 존재"라며 롯데여행사의 신정희 사장을 미국 엔디콧대학교를 졸업한 여성 경영인으로 소개했다. 1978년 7월 26일 자《조선일보》기사 「경영인─ ⑲ 여성 중역들」에서는 남편을 돕거나 자신의 사업을 이끄는 등 경영에 참여하는 여성의 수가 증가하고 있음에 주목했다. 최옥자 세종호텔회장·수도여자대학원장·대양학원 이사, 일신산업그룹 창업자 이도영의 아내이자 일신 산하 남한흥산의 이사직을 맡은 최애경, 충남방직그룹 산하 업체인 청화상사 대표인 오숙근, 동양시멘트 이사 이관희, 이본느화장품 이사 민옥기, 호남전기 대표 진봉자 등을 소개하며 아내들이 경영에 참여하는 한 흐름에 주목했다. 이들의 등장으로 일정한 규모 이상의 사업체를 운영하는 여성 경제인 혹은 여성 사업가가 급부상하면서, 남성중심적 경제 분야에서 여성의 경영 참여가 확대되었다.

1978년 2월 10일 자《조선일보》의 「경영대학원 ─ ④ 여사장과 부부학생」에 따르면 여성의 경영 참여가 많아지면서 서울대학교 경영대학의 최고경영자과정을 수료한 여사장의 수가 당시 열다섯 명이었다고 한다. 여성기업을 대상으로 하는 여성전문경영자과정도 이후에 구성되기 시작했다.

이러한 변화에도 불구하고, 1979년 당시 회원 수 408명이던 전국경제인연합회에 등록한 여사장은 단 두 명으로, 애경유지의 장영신과 세종호텔의 장옥자였다. 장영신 사장은 여성 경제인의 대표 주자로 주목을 받았다. 이처럼 여성의 경제 분야 진출은 일정한 변화가 있었지만 여전히 쉽지 않았다.

1979년 6월 26일 자 《경향신문》의 「세상世相 이렇습니다. - 사장 ⑭ 여성 경영자」는 중소기업 규모의 여사장으로 알파화학의 남궁요숙, 범진무역의 최청, 대영상사의 곽선부, 명신공업의 김창숙 등을 소개했다. 그러면서 기사는 "여성들의 재계 진출이 힘든 것은 여성이 일할 수 있는 무대가 극히 제한적일 수밖에 없는 데에 그 원인을 찾을 수 있을 것이다. 그래서 남자들이 주로 하는 업종 진출은 힘들지만 여성이기 때문에 오히려 유리한 분야가 있다. 요식업·공예업·요리학원·자수학원·양장점이 그 예. 상당한 부를 그쪽에서 축적한 여성들이 많다"라고 언급했다. 그러나 "뭐니 뭐니 해도 여사장이 가장 많고 성공한 업종은 유흥음식점일 것이다"라고 지적하며 여러 살롱이 물장사로 수십억 원의 재산을 모았다고 설명했다. 기계·전자 등의 분야에 진출한 여성이 없었던 것은 아니지만, 상당수의 여성이 여성성과 관련된 분야에 진출했기 때문이다.

하지만 이러한 미디어의 언술은 여성의 사업 진출 분야가 '유흥음식점'이라고 지칭하며 이를 저평가 혹은 폄하했다. 사업의 영역을 남성이 주도하면서 여성이 배제되는 현실을 문제시하기보다는 성별 규범의 제한으로 특정한 분야로 진출할 수밖에 없는 여성을 문제적으로 설명한다. 이 외에도《동아일보》1981년 3월 28일 자「사업서 실증한 "여성상위女性上位" 여성 경영인」에서 "뛰어난 상재와 야성의 투지, 그리고 남다른 근면과 성실이 요구되는 기업경영"의 사례를 설명한다.

그러다 보니 남성의 세계라고 이해되는 분야에 진출한 여성은 남다른 관심을 받았다. 1950~1960년대만 해도 여성의 성역할과 밀접한 분야로만 진출하던 여성 사업이 점차 다양한 분야로 확대되었다. 특히 남성의 전유물이라고 할 수 있던 중화학공업 분야에 진출한 여성이 등장했다. 최상숙 기태중공업 사장은《매일경제》와의 인터뷰에서 "여자라고 우습게 보지만 공장 기술자 다 되었어요"라고 말한다. 이 기사에서 최상숙은 1975년 9월 설립한 회사 소개와 사업하면서 겪은 어려움을 이야기한다.[3]

삼양화학을 이끈 한영자 회장 역시 여성에 대한 편견

을 넘어선 여성이다. 사실 한영자 회장은 1980년대 최루탄을 제조해 정부에 납품하여 시위에 참여하던 대학생으로부터 많은 비난을 받았던 여성 사업가이다. 이 회사는 1975년에 삼양화학공업사라는 이름으로 설립되었으며, 1979년 방산업체로 지정돼 최루탄을 생산하기 시작했다. 1980년대 중후반 삼양화학은 최루탄 사업으로 최고의 호황기를 맞으며 연간 매출 500억 원을 돌파했다고 한다. 당시 한영자 회장은 베일 속의 '신데렐라' '가장 돈 잘 버는 여성 기업인' '여장부' 등의 별칭을 들었고, 1987년 개인 납세 1위를 기록하는 기염을 토하기도 했다.

동시에 민주화운동에 참여한 대학생은 한영자 회장을 '꼭 숙청되어야 할 5적(5인의 적)'의 명단에 올리기까지 했다고 한다. 이에 1989년 국정감사에서 최루탄 제조를 중단하겠다고 선언하기도 했다. 하지만 이후 방위 사업을 지속했다.[4] 한영자 회장은 여성 사업가로서 상당한 '능력'을 발휘했지만, 최루탄 제조나 전두환 대통령에게 정치 비자금을 건넨 사실 때문에 심각한 비판을 받기도 했다.

1990년대 이후 수적으로 급증한
여성 기업인

1970~1980년대를 지나 1990년대에 접어들면서 여성 기업인의 등장과 활동은 좀 더 대중화되었다. 경제 영역에서 여성 기업인이 자리매김했고, 사회적으로도 이들의 역할이 주목받기 시작했다. 1990년 4월 28일 자 《조선일보》의 기사 「섬세한 경영… 재계판도에 "새바람" ─ 여성 기업인 늘고 있다」에 따르면, 1977년 결성 당시 여성경제인연합회의 회원은 일곱 명이었지만 1990년에는 그 수가 150명까지 증가했고 사업 분야도 기계와 건설까지 확대되었다.

이 기사는 여성의 기업경영, 혹은 여성 경제인이라는 표현을 사용하며 여성이 남성과는 다른 여성적 자질을 발휘해 사업적 성과를 낸다고 설명했다. 특히 "여성 특유의 치밀함과 섬세함, 끈기 등을 바탕으로 경영 수완을 발휘"했다고 평가했으며, "그동안 패션이나 의류 등 일부 직종에 한정되어 있던 사업 영역을 호텔, 식품, 유통, 기계, 화학, 홍보 등으로 다양하게 넓히면서 자리를 굳히고 있다"라고 그 의의를 설명했다. 당시 기사에 따르면 여성 경제인의 수를 정확히 파악하는 것은 어려운데,

그 이유는 어느 정도 규모의 사업체를 운영해야 여성 경제인의 범주에 포함할 수 있는지도 모호하고 여성 경제인을 망라한 단체도 극히 제한되어 있기 때문이라고 밝혔다. 그리고 전국경제인연합회에 가입한 여성 경영인은 드물다고 강조했다. 그만큼 한국의 대기업이 남성 경제인에 의해서 주도되고 있었고, 여성이 회사의 경영에 참여할 때는 대기업 경영인의 아내, 딸 혹은 며느리인 경우가 많았다.

이처럼 여성이 일정한 규모의 사업체를 운영하는 경우는 과거와 비교해 증가하기는 했지만, 소규모 혹은 생계형 자영업 이상의 기업체를 운영하는 비율은 여전히 낮은 상태였다. 즉 사업체를 운영하는 여성은 중소기업 이하, 특히 소규모의 영세자영업을 이끄는 경우가 상당수였다. 일반적인 기업은 매출 규모와 직원의 수를 기준으로 대기업, 중견기업, 중기업, 소기업 그리고 자영업이나 소상공인으로 나뉜다. 대기업은 법적으로 엄밀하게 정의되지 않지만 공정거래위원회가 사용하는 '대기업'이라는 용어는 독점규제법에 의해 지정된, 자산 총액이 5조 원 이상인 공시대상기업집단과 10조 원 이상인 상호출자제한기업집단을 칭한다. 중견기업은 중소기업법상 중소기업의 범위를 벗어나지 않고 상호출자제한기업집단에 소속되지 않은 기업을 뜻하며, 중기업은 10~49인의 규모, 소기업은 10인 미만, 자영업은 흔히 5인 미만 사업체를 지칭하고는 한다.[5] 이러한 기업규모의 분류에서 여성은 5인 미만의 자영업에 상당수가 속한다.

1990년 11월 29일 《조선일보》 기사 「여성창업 지원제도 필요 — 중소기업 여성 경영자 토론회」에서 알 수 있듯이 전문직여성클럽한국연맹은 〈여성의 기업 창출과 기업윤리〉라는 세미나에서 여성 소규모 기업을 지원하기 위한 방향을 논의하는 자리가 마련되는 등 점차 대중화의 움직임이 보였다. 또한 1996년 5월에 정부는 7월 6일을 '여성경제인의 날'로 지정했으며, 이후 '여성경제인의 날'이 포함된 주를 여성기업주간으로 정하고 운영하고 있다.[6]

그뿐만 아니라 1992년 여성중소기업인협의회가 설립되었고, 1993년 전국여성경영인총연합회가 설립되는 등 여성 경제 단체가 추가로 생겨났다.[7] 사단법인 한국여성경영자총협회는 1993년 창립되었다. 여성 경영인의 경제적, 사회적지위 향상과 복리증진에 기여하고 여성 경영인이 기업을 경영하기 좋은 환경을 만들기 위해 설립된 비영리법인이다. 또 한국여성벤처협회가 1998년에 중소기업청 산하 사단법인으로 설립되었다. 그리고 2001년에 정보통신부(현 중소벤처기업부) 산하에 사단법인 IT여성기업인협회가 설립되었다. 1970년대에 이미 등장했던 한국여성경제인협회는 2025년 부산과 대구 지회 이외에도, 광주·대전·인천·울산·강원·경기·충북·전북·경남·제주·충남·전남·경기북부·경북·남서울·세종 등 열여섯개 지회가 추가로 등장했다. 1997년 7월 3일 《매일경제》의 「전국 8개 지회 회원사 400개 — 여경련女經聯 어제와 오늘」이라는 기사에는 한국 여성 경제인 박람회 개최 소식, 부스 참가 업체와 대표자에 대한 자세한 소개가 실렸다. 이러한 변화는 사업하는 여성 기업가들의 요구와 노력에 기반한 것이었다.

  이 외에도 증가하는 여성 기업가의 실태를 파악하기 위해 〈여성기업실태조사〉가 1999년에 여성기업지원에관한법률의 제정과 함께 실시되었다. 조사 대상 여성기업에는 상시 직원 5인 미만(분류상 농업, 임업, 어업, 광업을 제외한 사업체 대상)도 포함되었다. 그리고 이듬해인 2000년에 조사하여 2001년에 첫 결과가 발표되었다. 조사에 따르면 여성이 운영하는 기업의 규모는 영세한 비율이 절대적으로 높아 1인 회사인 경우도 많은 상황이다. 이들은 기업이라기보다는 영세한 자영업, 혹은 생계형 자영업에 포함되는 경우가 많다.

사회운동에 참여하는
여성 사업가

앞서 언급한 삼양화학의 한영자 회장처럼 사회적으로 지탄받거나 문제적인 경영방식을 보이는 여성 사업가도 있었지만, 사회의 진보적 변화를 위해 여성운동이나 종교 활동에 참여하는 여성 사업가도 있었다. 앞서 언급한 이상숙은 회사 경영의 일선에서 물러난 뒤 모교인 숙명여자대학교 동창회장으로서 학교 발전을 위해 적극 참여했으며, 북한 지역의 기독교 복음을 위한 통일 선교에도 적극적이었다. 또한 회사의 사회환원사업을 위해 재단을 설립하고 장학금 등을 지급하는 여성 사업가들도 있었다. 부산 지역에서 여행사를 운영하며 여성경제인협회장을 맡는 것에 그치지 않고 지역사회의 여성 인권의 개선, 나아가 일본군 '위안부' 운동에 참여한 여성 사업가 김문숙 회장이 대표적이다. 영화 〈허스토리〉에는 그가 일본군 '위안부' 문제에 관심을 갖고 여성운동가가 되어가는 과정이 담겼다. 앞서 살펴본 이상숙 회장이 퇴직 후 숙명여자대학교 동창회 활동과 북한 지역 선교활동에 참여한 것과 비슷한 흐름이라고 할 수 있을 것이다.

그러나 김문숙의 경우는 여성운동에 보다 더 적극적

으로 참여했다는 큰 차이가 있다. 김문숙 회장은 일본을 상대로 정당한 보상과 사과를 이끌어내기 위해 사비로 일본군 '위안부' 피해자의 재판을 도왔으며, 재판장에서 할머니들의 이야기를 직접 통역하는 등 '위안부' 문제를 한국과 일본에 알리는 데 중요한 역할을 했다. 이 재판은 흔히 관부재판[8]으로 알려져 있다.

김문숙은 1927년생으로, 1960년대부터 아리랑관광여행사를 운영했다. 이후 부산여성경제인협회장과 부산여성단체협의회장을 역임하기도 했다. 1986년에는 부산에서 최초로 '여성의전화'를 설립하여 폭력 피해를 입은 여성을 상담하고 문제 해결을 위해 나섰으며, 이후 부산여성폭력예방상담소를 설립하는 등 여성 인권 문제를 해결하기 위해 앞장섰다. 이 외에도 독도지킴이운동본부 상임공동대표와 부산여성수필인협회장을 맡기도 했다. 김문숙은 1990년 일본인이 한국에 기생관광을 온다는 사실을 접하고 이에 분개하면서 일본군 '위안부' 문제를 알게 되었다고 한다. 그는 일본군 '위안부'를 찾아다니며 문제를 해결하고자 했고, 1991년 사단법인 정신대문제대책부산협의회를 결성하고 정신대 피해자들을 위한 신고 전화를 설치했다.[9]

김문숙이 운영한 아리랑관광여행사에 대해서는 자세

히 알려지지 않았다. 다만 여행사를 운영하면서 어느 정
도 이윤이 발생했기 때문에 부산 지역에서 다양한 여성
운동을 전개할 수 있었으리라고 짐작할 수 있다. 김문숙
회장은 여성 사업가로 출발해, 여성운동이 확대되던 시
기 부산 지역의 여성운동에 뛰어들어 여성 인권을 개선
하기 위해 가시적인 역할을 했다는 점에서, 여성 사업가
중에서도 여성운동가로 가장 두드러진 행보를 보인 여성
이다. 물론 1980년대 여성운동이 활발해지면서 여성문제
에 대한 인식이 확산되고 페미니즘 의식을 지닌 여성이
사업체를 운영하는 경우가 많아졌고, 김문숙 회장처럼
여성 사업가가 여성문제 해결을 위해 여성운동을 후원하
는 경우 또한 증가했다.《여성신문》처럼 여성문제 해결을
위한 언론이 1988년에 창립되어 지속적으로 운영되기도
한다. 하지만 김문숙 회장은 여성 사업가로서 출발해, 여
성운동가로서도 부산 지역에서 독보적인 역할을 했다는
점에서 특히 주목할 필요가 있다.

한국 경제사에서 잊힌
여성의 경제활동, 자영업

장사하고 사업하는 여성에 대한
젠더화된 경제·성 규범

한국전쟁 이후 양장점과 미용실 등 소규모 사업체를 운영하는 여성들은 가정을 등한시하고 성적 욕망을 추구하는 문제적 대상으로 재현하던 미디어는 산업화 시기를 거치면서 점차 변화했다. 경제활동을 하는 여성을 긍정적인 모습으로 재현하기 시작한 것이다. 여성의 경제활동은 남편을 포함한 가족, 나아가 국가를 위한 것으로 제한적이게나마 의미화되었다. 1963년 개봉한 박상호 감독의 영화 〈또순이: 행복의 탄생〉은 주인공 또순이가 자수성가한 아버지로부터 독립해 장사로 돈을 벌고 새나라 택시를 구입하여 사랑하는 남자와 함께 운수업을 시작하는 내용으로, 여성이 경제적인 안정과 독립을 성취하는 과정이 잘 드러난다. 영화 속 여성 또순이는 운전이라는 '남성적 기술'을 익혀 운수업을 하려 하는데, 이는 가정경제는 물론 국가경제에도 기여하는 것으로 의미화된다. 전후 시기 여성의 사업체 운영이 댄스홀, 다방, 요정料亭, 미용실, 양장점 등 화려한 서구의 문화를 소비하는 것으로 재현된 반면에, 산업화 시기 장사를 하고 사업을 시도하는 여성은 성실하고 부지런하게 일하면서 가정과 나라를 위하는 건전하고 충직한 여성으로 그려진다.[1] 산업화 시기 경제활동을 통해 국가의 경제를 발전시킨다는 지배적인 이데올로기가 당대 제작된 영화에도 반영되었다고 볼 수 있다.

영화 〈동대문시장 훈이 엄마〉(1966, 서정민)는 앞서 언급한 작품과는 다소 차별화된 내용을 담고 있다. 또순이는 미혼 여성으로 독립적이고 경제력도 강해 억척스럽게 돈을 모은다면, 이 영화 속 주인공인 양숙희는 '전쟁미망인'으로, 동대문 시장에서 자리를 얻어 한복 저고리 장사를 하며 아들 훈이를 훌륭한 사람으로 키우는 것이 삶의 낙이다. 동대문 시장에서 일하는 많은 남성의 유혹과 희롱으로 숙희는 괴로운 날들을 보낸다. 또순이와 달리 숙희는 주어진 현실에 굴복하며 살아간다. 다행히 훈이가 명문 중학교에 입학하던 날, 남편의 옛 전우이자 동대문 시장 조합장인 현식을 만나 밝은 미래를 기약한다. 영화에서 숙희는 한복을 만들어 판매하는 좌판을 운영하며 동대문 시장에서 생계를 이어간다. 그는 아들 훈이를 돌보기 위해 온갖 고난을 겪지만, 그러한 노력은 보상받지 못한 채 끝없는 역경에 직면한다. 남편이 부재한 '전쟁미망인'이 온갖 남자들의 관심거리가 되면서 일터에서 겪는 일상을 보여준다.

영화는 이러한 고난의 원인을 남성이라는 보호자의 부재로 설정한다. 훈이는 아직 어린 아들이기에 남편의 역할을 대신할 수 없고, '전쟁미망인'인 숙희를 경제적으로나 정서적으로 도와줄 사람도 없다. 모성의 의무를 수행할 경제적 능력이 부족하고 여성으로서 욕구가 없으며 가부장적 질서에서 벗어난 여성에 대해, 영화는 이들이 고난과 역경을 겪을 뿐이며 보호와 지원을 필요로 한다고 전제한다.[2] 동대문 시장이라는 공적영역에서 장사라는 경제활동을 수행하는 여성에 대한 묘사는, 수많은 남성으로부터 성적 희롱의 대상으로 그려진다. 1950년대에 제작된 영화는 이러한 여성을 성적 욕망을 추구하는 문제적 여성으로 그려낸 반면, 산업화 시기의 영화는 이들이 남성들로 인해 불쾌함을 느끼고 어려움을 겪더라도, 여성 자체를 문제적이거나 위험한 존재로 의미화하지는 않는다. 그보다는 피해자 혹은 희생자로

그린다.

　"가부장적 질서로의 회귀를 주장하던 기존의 사회 담론들은 근대화된 경제발전이라는 하나 된 목표 아래 국민을 통합하려 했던 당시 국가권력의 논리와 노선을 같이하며 하나의 지배 이데올로기로 공고화되었다."[3] 국가의 경제성장을 위해서는 여성의 경제활동 또한 필수적이라는 인식이 확산되었다. 이에 따라 전후 여성에게 하던 일을 멈추고 가정으로 돌아가라고 요구하는 대신, 남성의 보호와 도움을 받으며 경제활동을 지속할 것을 촉구한다. 이는 여성의 경제활동이 단순히 개인적 차원을 넘어 국가경제의 발전에 기여하는 필수 요소로 자리 잡았음을 보여주는 예라 할 수 있다.

　산업화 시기 다양한 업종의 사업체를 운영하는 주부 경영인이나 여성 사업가에 대한 문화적 재현이 드물게나마 등장했다. 1963년에 개봉한 영화 〈청춘교실〉(김수용)은 샤넬미용실을 운영하는 기혼 여성인 윤사라(황정순 분)가 주인공으로 등장한다. 윤사라는 남편과 대학생인 아들(신성일 분)이 있지만 집안일에는 관심이 없으며 미용실 운영을 핑계로 여러 남자를 만나러 다니며 불륜 행각을 일삼는다. 그러한 엄마를 둔 아들은 영화 말미에 여자친구(엄앵란 분)와 별장에 놀러 가서 애인과 있는 엄마를 만

나자 그를 골려주기 위해 바다에 빠져 자살한 것으로 위장하며 영화는 끝이 난다.

그러나 여사장에 대한 재현은 산업화가 본격적으로 전개되는 시기인 1970년대로 진입하면서 더욱 뚜렷해진다. 노점이나 행상과 달리, 점포나 사업체를 운영하는 여성은 성적으로 문란하고 가정에 무관심한 아내이자 어머니로 묘사된다. 영화 〈남대여〉(1970, 변장호)는 큰 회사를 경영하는 도 여사(황정순 분)를 주인공으로 한 작품으로, 그의 남편이 지하경제를 주름잡다가 손을 털고 나오면서 남자 부하 세 명을 아내와 세 딸이 함께 사는 자신의 대저택에 데려와 벌어지는 사건을 그린다. 돈벌이라면 사족을 못 쓰던 도 여사는 알고 지내던 재미 동포가 자신의 회사에 투자를 하겠다고 하자 자신의 딸과 혼사를 추진하며 사업에 열을 낸다. 하지만 사실 그는 지하세계를 정리하고 나온 남편에게 복수를 하려는 일당의 사주를 받고 의도적으로 도 여사에 접근해 회사를 망하게 했던 것이다. 결국 도 여사가 운영하는 회사를 위기에서 구해준 것은 그의 남편과 세 명의 부하였다. 결말에서 회사를 위기에서 되찾은 도 여사의 남편은 아내에게 그동안 고생 많았다며 집에서 소설 『삼국지』를 읽으며 쉴 것을 권하고, 남자 네 명이 각각 회장, 전무, 부장, 과장을 맡아 회사를 운영하겠다고 선언한다. 도 여사의 딸은 처음엔 뻥튀기, 번데기 등을 파는 아버지의 부하들을 무시했지만 이들과 결혼을 하면서 영화는 끝을 맺는다. 이 영화는 한국전쟁 이후 사업을 하며 상업자본을 만들어나갔던 여성의 위치는 본래 가정이며, 이제 그 역할은 남성의 몫으로 돌아가야 한다는 노골적인 메시지를 전달한다. 이처럼 대중적으로 흥행한 영화 〈청춘교실〉과 〈남대여〉는 미용실이나 기업 등 규모가 있는 사업체를 운영하는 여사장을 문제적인 존재로 재현한다.

비록 부정적인 관점이 영화를 관통하고 있지만, 규모 있는 사업체를 경영하는 여성을 주제로 한 영화가 등장하는 것은, 경제 영역의 남성중심적 재편 과정에서도 여성 사업가가 등장하던 시대가 반영된 것이라고 할 수 있다.

1977년 영화 〈화려한 외출〉은 김수용 감독의 작품으로, 제14회 백상예술대상에서 대상과 작품상, 기술상 등을 석권했다. 고층 빌딩을 소유한 재벌 회장 공도희 여사(윤정희 분)는 부유한 동네의 대저택에 거주하며 수입 자동차인 벤츠를 타고 출근한다. 회사에 도착한 그를 맞이하는 것은 여러 명의 남성 경비원과 직원이다. 이 영화에서는 여성 재벌 회장의 하루를 촘촘히 제시하는데, 외국 바이어와의 계약과 식사, 여성 경제인으로서의 특강과 방송 촬영, 국내외 정재계 인사가 모이는 만찬 참석 등이 묘사된다. 더욱이 여성경제인협회장으로 선출되어 취임식을 하는 장면도 등장한다. 하지만 어느 날 직접 운전을 하여 고향 마을을 찾은 공도희 여사는 자신을 자기 아내라 주장하는 어부에 의해 섬으로 끌려가 가정폭력에 시달린다. 그는 남편의 눈을 피해 섬을 가까스로 탈출해 서울에 있는 자신의 회사로 돌아오지만 그는 사망한 것으로 처리되어 있고 회사와 집의 주인도 바뀌었다. 아무도 그가 공도희 여사임을 알지 못한다. 이 영화는 섬에서 공도희 여사가 겪은 경험이 현실인지 꿈인지 모호하게 묘사하여 개봉 당시 '가장 난해한 영화'라는 평가를 받기도 했다.

남편이 부재한 가운데 대기업을 운영하는 재벌 총수가 여성이라는 점, 그러나 그는 원래 가정폭력을 일삼는 남편과 장애를 가진 아픈 딸을 둔, 섬의 평범한 아낙네였을지도 모른다는 서사는 한국 사회의 여성 기업가가 겪을지도 모를 불안과 고뇌 등을 드러낸 것으로 해석할 수 있다. 이는 이후 소예산업을 이끌고 실제로 여성경제인협회장이 되었던 이상숙 사장이 일과 가정을 병행하며 과다한 노동과 남성중심적인 비즈니스 세계 때문에 죽고 싶을 만큼 힘들었다고 말한 구술과 묘하게 연결된다.

1970년대를 지나면 여성의 사업 세계는 더 이상 가족의 생계를 위한 것도, 산업화 시대에 부합하는 건전한 부부가 되어 가정경제와 국가경제 기여하기 위한 것도 아니다. 이제 여성은 가족과 국가와 분리되어 독립된 존재로서 경제활동을 실천할 뿐이다. 이에 전통적인 여성의 위치와 성역할을 넘어선 재벌 총수 여성에 대한 영화적 재현에는 역경도, 성공기도 등장하지 않는다. 이 영화에서 공도희 여사가 겪는 일련의 경험과 꿈의 세계, 즉 여성 재벌 회장의 심리에 대한 묘사는 남성과의 관계를 전제하는 아내나 어머니가 아닌, 여성 개인으로 위치한다.[4]

금융 활동으로 부를 축적하는
여성에 대한 부정不正

한국전쟁 이후 한국 사회는 계 모임, 일수놀이, 부동산 투자 등 다양한 형태의 금융거래를 통해 경제적 안정을 추구하거나 부를 축적하려는 여성을 부정적으로 바라보았다. 이는 단순히 사회적 시선의 문제를 넘어 한국 현대사와 경제사에서 여성 자영업자 혹은 여성 사업가에 대한 기록과 관심이 거의 부재했던 배경과 연결된다. 경제

성장과 수출 중심의 관점에서는 소규모 사업체 운영이나 도소매 유통에 종사하는 여성의 성과가 가시적으로 드러나지 않아 이들이 주목받지 못했다. 그러나 여성 자영업에 대한 무관심은 단지 경제적 관점의 문제에 그치지 않는다. 그것은 '돈을 만지는' 여성에 대해 부정적이고 젠더화된 시선으로 접근하는 가부장적이고 남성중심적인 지배 이데올로기와 깊이 연관되어 있다. 1950년대 한국전쟁 이후 등장한 계 모임의 '계 부인', 일수를 운영하는 '일수 아줌마', 부동산 투자와 관련된 '복부인' 등 금융 관련 활동을 하는 여성은 사회적으로 상당히 부정적으로 이해되었다. 이러한 사회적 시선은 여성의 장사나 사업과 같은 경제행위를 가시화하지 못하게 만들고, 나아가 사업을 하는 여성 당사자가 자신의 경제활동 경험을 드러내지 않도록 했다.

우선, 1950년대 전후 한국 사회에서는 여성이 주도하는 계 모임에 대한 부정적 시선이 두드러졌다. 전쟁 이후 경제활동에 참여하는 여성은 종종 '돈에 대한 탐욕이 심한 여성'으로 폄하되었으며, 가정에서 아내와 어머니로서의 역할을 소홀히 하는 전업주부로 여겨졌다. 한국 사회에 은행이 정착한 것은 1960~1970년대 이후로 그 전까지 여성은 목돈을 모으고, 나아가 재산 증식을 위해

서 계 모임을 했다. 하지만 1950년대 후반 '부녀계 소동'
이 벌어지면서 여성의 계 모임은 사회적 지탄의 대상이
되었다.

계 모임을 통해 돈을 모으고 이를 사업 자금으로 활용
하거나 재산을 증식하려 했던 여성은, 탐욕스럽게 돈을
좇는 사람으로 비하되었을 뿐만 아니라 성적 쾌락과 물
질적 욕망을 동시에 추구하는 존재로 이미지화되었다.
영화 〈자유부인〉에는 대학 동창생 여성들이 계 모임을
하는 장면이 등장한다. 영화는 "남성들이 버는 돈 갖고
는 못 살아요"라고 남성의 경제적 무능을 지적하며, 여
성이 돈을 모으고 불린다. 그러나 여성의 계 모임은 요
리점에서 여성끼리 산해진미를 먹고 마시며 즐기는 장
면으로만 다뤄짐으로써 부정적으로 묘사된다. 당시 계
모임을 이끄는 여성 계주는 신문에서 연재되는 만화에
서 '남편을 깔고 앉은 여세대주'로 그려지기도 했는데,[5]
특히 계주인 최윤주(노경희 분)는 양품 밀수로 큰돈을 벌
려고 한다. 여성이 남성보다 경제적인 능력이 뛰어난 경
우, 남편을 무시하고 깔본다는 이미지를 유포해 여성의
경제활동을 통제하려는 것이었다.

하지만 현실에서 여성은 계 모임을 지속할 수밖에 없
었다. 계는 예전부터 상부상조의 측면에서 존재했으나

한국전쟁을 지나면서 여성 사이에서 필요한 돈을 빌리고 목돈을 마련하기 위해 성행했다. 한국전쟁 당시 부산에서 생활이 넉넉한 '유한마담' 사이에 낙찰계가 시작되었다고 하며, 계의 종류로는 순번계, 낙찰계, 추첨계, 정액계, 일수계 등 여러 가지가 있다. 계는 저축, 자금조달, 고리 추구, 사치 등 다양한 목적으로 운영되었다. 계는 여성이 전쟁 이후 경제적으로 자립하기 위한 과정에서 생겨나고, 또 가정경제에 유용하게 활용되었다. 그러나 여성 사이에서 이루어진 부녀계의 폐단으로 가정 파탄과 자살 등이 발생하기도 했다.

특히 1950년대 여성의 계 모임이 사회적 논란이 된 것은, 계 모임을 이끈 계주가 사라지면서 곗돈을 돌려받지 못한 부녀자들이 경제적인 피해를 입었으며 이로 인한 가정 파탄이 초래되었기 때문이다. 여기에, 중소기업이 자금 융통을 위해 부녀자의 돈, 즉 계 모임에서 모인 돈을 동원한 것이 여성의 계 모임이 사회적으로 지탄의 대상이 된 큰 이유였다. 여성이 계를 조직하여 거액의 현금을 고리대 시장에 제공하여 이자 차익을 챙겼는데, 자금난을 겪는 기업들이 고율의 이자로 이러한 돈을 대출했다. 1950년대 계는 사금융 시장 전체를 장악할 정도로 성행했다. 부녀계의 규모가 은행의 자금조달능력을 능가할 정도로 확대된 것이다. 1955년 1월 광주 지역의 계 파탄을 시작으로 대구, 서울, 부산 등 대도시의 부녀자계 대부분이 연쇄적으로 파탄되었다. 이러한 과정에서 사금융에 속하는 계 모임을 했던 부녀계가 '부녀계 소동'이라는 이름으로 사회적인 비난을 받았다.

계가 쇠퇴하게 된 결정적 원인은 정부가 1965년에 실행한 금리현실화와 1972년에 실행한 8·3긴급금융조치이다. 특히 서민금융 확충을 위해 1962년에 국민은행이 설립되어 서민금융 전담 기관으로서 역할을 담당했다. 하지만 계 모임은 1970년대 이후까지도 여성들 사이에서 번성했다.[6]

1950년대 당시 대부분의 부녀자에게 은행은 대출의 문턱이 높고 예금 이자율도 낮아 매력적이지 않았다. 더욱이 1960년 1월 신민법 시행 이전까지만 해도 기혼 여성은 미성년자와 같은 경제적 무능력자로, 금융 활동에 있어 반드시 남편의 허가를 받아야만 했다.[7] 반면, 계는 저축 면에서의 수익성, 현금 융통의 용이성, 금액과 기간의 유연성, 비밀보장성 등을 이유로 여성 사이에서 인기를 끌었다. 여성은 가계 자금은 물론 시장에서 장사를 하거나 자영업을 할 때 사업 자금을 융통하거나 밑천을 마련하기 위해 계를 이용했다. 그래서 여성이 운영하는 식당, 다방, 미장원, 편물점, 조산원 등에 계 조직이 있었다. 즉 경영자에서 직원, 고객 등 모두 여성으로 이루어진 네트워크를 중심으로 계 조직이 운영되었다.[8]

전후 여성이 경제적 실천의 일환으로 전개한 계 모임은, 은행 시스템이 전업주부를 포함한 여성을 경제적 주체로 인정하지 않았던 상황에서 발생한 독자적이고 비공식적인 금융 활동이었다. 정부가 여성 계 모임을 사회적 문제로 몰아간 이유 중 하나는 국가의 경제정책에 필요한 자본을 확보하기 위해, 개인들 사이에서 사적으로 유통되던 자본, 특히 여성 간의 상업자본을 공적영역으로 흡수하려는 의도에서 비롯되었다. 여성의 계 모임, 즉 여성 주도의 신용 조직은 가부장적 시선에서 문제적인 경제행위로 젠더화되었고, 이를 통해 금융거래와 여성의 관계를 통제하려는 가부장적 경제 규범이 형성된 것이다.

결국 산업화 시기를 거치며 여성이 장사를 통해 벌어들인 상업자본과 계 모임에서 유통된 자본은 점차 국가가 통제하는 제도권 금융시장, 즉 은행권으로 흡수되었다.[9] 이는 여성의 자율적 서민금융 활동을 부정적으로 의미화함으로써, 여성의 자본이 국가와 남성의 관리 아래 제도화되는 결과를 초래했다. 특히 주요 도시에서 전개된 계 조직은 부녀자, 즉 여성 상인 중심으로 상업자금을 조달 혹은 융통을 목적으로 했다. 정부에 의한 계통제는 여성 상인, 즉 여성 자영업자의 현금 동원 능력을 크게 제한하게 되었다.[10] 이 과정에서 여성 간의 사적 자본 흐름을 공적 금융제도로 유입하기 위한 정책의 일환으로, 1959년 한국상업은행 종로 지점에 숙녀금고가 설립되었다.[11] 숙녀금고는 여성의 돈을 계 모임으로부터 은행으로 유도한 대표적인 사례다.[12] 정부는 이러한 금융제도를 통해 여성을 경제활동을 하는 경제적 주체라기보다는 가정경제를 관리하는 소비자로 자리매김하려 했다. 여성은 은행을 통해 돈을 모으고 가계부를 작성하면서 가정의 소비를 관리하는 역할로 한정되었으며, 이는 여성의 경제적 역할을 가정이라는 사적영역에 국한시켰다.

금융거래를 하는 여성에 대한 부정적 재현은 1960년대에도 이어졌다. 계 부인은 이후 경제적 주체의 하나인 '마담족'으로 명명되었는데, 이들은 돈의 노예로 표상되었다. 계 마담, 빠 마담, 다방 마담이라는 다양한 명칭의 '마담족'은 근로 대가 이상의 수입을 누리는 불로소득을 추구하는 부정적인 군단으로 의미화됐다. 전후 1950년대 여성의 계 모임을 둘러싸고, 전후 사회는 여성의 경제활동, 즉 여성이 금융의 실권을 갖는 것을 윤리적 덕목에 위배되는 것으로 이해했다. 또 1960년대 이후 부상한 '일수놀이'를 하는 여성은 '일수 아줌마'라고 불리고는 했는데, 오늘날의 소규모 사채업자와 유사하다고 볼 수 있다. '일수日收'란, 본전에 이자를 합하여 일정한 액수를 날마다 거두어들이는 일 또는 그런 빚을 뜻한다. 이들이 제공한 영세 금융서비스는 당시 영세상인이 제1, 2 금융권에서 대출받기 어려운 상황에서 대안적인 자금조달 수단으로 활용되었다. 1970년대에는 '일수 아줌마'가 돈을 착취하는 존재로 묘사되었다. 여성이 주도하는 일수놀이와 같은 경제활동은 비윤리적이고 탐욕스러운 행위로 간주되며 사회적 비난을 받았다.

계 모임과 일수놀이를 하는 여성에 대한 당대 영화적 재현에서도 부정적인 묘사가 두드러진다. 1967년 개봉한 이규웅 감독[13]의 영화 〈젯트부인〉에는 계주이자 일수놀이를 하는 주인공이 등장한다. 강옥실(도금봉 분)은 회사원 남편(김진규 분)의 월급에 만족하지 못한 채 부족한 가계를 꾸려나가기 위해 계를 들고 고리대금업을 하게 된다. 강옥실은 자신의 사업을 위해 아침부터 밤까지 동분서주하며 바쁘게 보내느라 살림과 아들을 돌보는 데는 소홀해진다. 강옥실이 돈바람이 난 사이 남편은 세상을 뜬 친구의 부인(이경희 분)을 경제적으로 돕고 위로하는 동시에 홀로 집안일을 신경 쓰느라 정신이 없다. 강옥실이 집안일을 소홀히 하자 남편의 불만은 고조된다. 한편 '돈독에 오른' 강옥실은 사기꾼(김승호 분)의 속임수에 넘어가고, 동시에 옥실의 빚 독촉에 시달린 친구 부부의 자살로 그의 바깥일은 파탄에 이르게 된다. 남편은 아내의 잘못을 용서하고 너그러이 받아들이면서 영화는 끝이 난다.

강옥실은 계 모임과 일수놀이를 하느라 너무 바빠서 제트기처럼 씽씽 나는 '제트부인'이라고 불린다. 그는 생활력이 강한 가정주부로 등장하는데, 그의 경제활동은 가족의 생계 문제라기보다는 더 나은 삶을 누리기 위함이다. 그러나 돈벌이에 대한 욕구와 열망이 지나쳐 부정적인 여성으로 의미화된다. 하지만 산업화 시기를 지나면서 가정경제를 위한 비공식 영역에서의 경제활동은 문제적인 행위로 그려지면서도, 시대적으로 여성에게 요구되는 역할이었다.

영화에서 아내와 회사원 남편에 대한 묘사에는 큰 차이가 있다. "여성들이 서구화에 경도되며 물신주의와 배금주의를 신봉하는 것으로 나타나고 이들의 남편들은 상대적으로 도덕적이고 윤리적인 건실한 자본주의의 대

변자로 묘사되는 것은, 당대의 모든 욕망을 여성의 것으로 뒤집어씌움으로써 상대적으로 면죄부를 받은 남성들은 여성들을 계도하는 주도적 위치를 굳건히 고수하려는 가부장의 위기감에서 비롯된 측면도 있다."[14]

다시 말해, 산업화과정에서 여성의 비공식 영역에서의 경제활동은 더 나은 삶을 위해서 필요하지만 그러한 역할을 감당하는 것은 아내이며, 남편은 그러한 아내의 행동을 비판하고 용서한다. 즉 여성의 경제적 실천은 남편과 국가의 측면에서 평가 및 비판받는 대상으로서 위치하지만, 그 역시 결국 가정경제를 위한 목적이었다는 점에서 다시금 포용과 용서의 대상이 된다.

또 1970년대 후반에는 거주 목적으로 설립된 아파트에 투자하는 여성이 복덕방과 부인을 합한 말인 '복부인'이라는 이름으로 '투기'를 한다며 사회적 비난을 받기 시작했다. 한국 사회에 복부인이 등장하게 된 것은 1970년대 이후 강남 개발이 본격화되고 아파트가 한국 중산층의 주거 문화를 획기적으로 변화시키는 자산 증식의 대상으로 부상하면서부터였다. 여성은 아파트를 사고팔면서 큰돈을 노리기 시작했으며, 텔레비전 드라마나 영화, 소설에서는 이들을 '복부인'이라는 이름으로 재현했다. 복부인은 천박하고 허영심이 가득한 인물로 그려졌다. 내 집 마련을 위해 여기저기 뛰어다니는 또순이형 복부인과 전문적으로 돈도 벌고 재미도 보는 탈선형 복부인으로 구분하기도 했다. 여성의 경제적인 주체화는 자본에 포섭된 모습으로 나타났다.[15]

소설가 박완서는 복부인이라는 용어가 등장하기 전부터 부동산 문제를 종종 다루었는데, 부동산 문제를 다룬 소설로는 「닮은 방들」(1974), 「서글픈 순방」(1975), 「낙토의 아이들」(1978) 등이 있다. 특히 「낙토의 아이들」에서 주인공 남편은 아내를 자신이 평생을 벌어도 힘든 돈을 한 건의 투기로 벌어들이면서도 도취하거나 만족하는 법이 없는 탁월한 사업가로 평가한다. 이에 아내는 자신을 남성으로 정체화한다.[16] 즉 "남성 대 남성이라는 뒤틀린 젠더 구도가 이성애에 기반한 가정을 파괴하는 셈이다."[17] 다음은 1979년 1월 여성지 《새가정》에 실린 소설가 박기원의 짧은 소설 「복부인」 속 한 대목이다.

"얘…… 공연한 소리들 말어. 여자란 남편이 벌어다 주는 돈 가지고 아껴 쓰고 살림할 때가 행복한 거야. **나야 여자니? 남자지.** 그리고 투기업을 내가 하고 있지만 아무나 하는 것 아냐……. **대담하고 머리는 전자계산기같이 빨리 돌고 그리고 체념이 빠르고 담도 커야 돼. 그리고 돈 놓고 돈 먹는 장사니까 적어도**

제 돈은 좀 있어야 되고……. 그리고 복덕방 친구들이 남자니까…… 그들하고 어울리려면 술도 좀 해야 되고 말주변도 있어야 하고! 보통으로 되는 게 아냐!"

이 소설 역시 복부인을 '남성'이라는 성별로 설명한다. 남편이 벌어다 주는 돈을 아껴서 살림하는 것이 여성의 행복이라고 먼저 언급한 뒤, 복부인은 여자가 아니라 '남자'라고 말한다.

하지만 이와 동시에 복부인은 대담하고 머리도 빨리 돌아가야 하며 판단력도 좋아야 한다고 강조했을 뿐 아니라, 복덕방을 운영하는 남자와 어울려서 술도 하고 대화도 할 수 있는 능력 또한 필요하다고 말한다. 여기서 복부인은 대단히 능력 있는 사람으로 규정된다. 복부인은 여성이지만, 아파트 투기를 위해서는 여성에게 기대되는 전통적인 특성을 넘어 남성적인 능력을 발휘해야 한다는 점에서 남성성을 가진 존재로 의미화되었다. 이렇게 젠더 질서를 위반하는 복부인은 사회적으로 위험하고 문제적인 여성으로 이해되었다.

사실 1970~1980년대 아파트 투기는 경제적, 사회적, 문화적 요인이 복합적으로 작용한 것으로 복부인에게만 책임을 전가하기는 어렵다. "당시 정부, 개발업자, 건설업자, 중개업자의 이익 추구는 정상적인 경제활동으로 간주되는 반면, 아파트의 소비자이면서 투자자였던 복부인의 이익 추구는 일부 탐욕스러운 여성이 자행한 비정상적인 투기로 지탄받았다."[18] 사실 부부가 함께 관여한 부동산투기를 여성의 책임으로 떠넘긴 것이라 할 수 있다. 또한 부동산 매매와 임대를 통해 재산을 축적한 기혼 여성은, 경제적 실천을 수행했음에도 불구하고, 새로운 정체성을 부여받거나 남성 생계 부양자와 동등하게 의미화되기는커녕 오히려 비난과 부정의 대상이 되었다.

복부인은 여성을 표상하는 말 중에 경제적 측면에 초점을 둔 인상적인 용어로, 중류층 기혼 여성의 경제적 진출이라는 맥락에서 이해할 수 있다. "복부인은 인플레이션과 잉여 자본의 투기 자본화 상황을 반영한 결과물"로, "복부인의 등장은 남녀관계를 역전시키고, 남성의 가부장적 권력은 경제적으로 독립한 복부인의 출현으로 인해 큰 위기를 맞는다. 이는 곧 가정의 위기와 연결되며, 복부인은 윤리적 지탄의 대상이 된다."[19]

이처럼 현금을 모아 목돈을 마련하고 돈을 빌려주고 이자를 받으며 부동산 투자를 하는 등 사금융 영역에서 재산을 늘리는 여성은 '계부인' '계오야 · 계주' '일수 부

인' '복부인' 등 다양한 이름으로 불렸고 한국 사회는 이
들을 상대로 반복적으로 부정적인 이미지를 덧씌우고
는 했다. 이는 동시에 여성이 사금융을 통해 사회 전반
에 영향을 미칠 정도로 중요한 경제적 행위자로서의 역
할을 해왔다는 것을 보여준다. 그러나 여성을 타자화하
고 부정적으로 재현함으로써 여성의 경제적 행위의 가
치를 폄하하거나 비가시화하여, 여성을 제도화된 영역
이나 공적영역에서 경제 주체로 인정하지 않으려는 가
부장적 권력이 작동했음을 의미한다. 계 모임, 일수, 부
동산 매매 등 경제활동에 참여한 여성은 '여성답지 못한
존재'로 간주되었으며, 돈에 대한 욕망으로 오염된 인물
로 이미지화되었다. 이는 "여성혐오적 정동과 결합하여
여성을 경제적 장에서 배제하고 차별을 정당화하는 것
으로 이어진다."[20]

부산 제일기계의 허복선 사장은 회사에서 자신의 여
성성을 부정하고 남성과 동일한 존재로 지내고자 했다.
그를 소개하는 신문 기사에 나타난 "24년간 바지만 입
어"라는 표현은 여성이 사업을 운영하는 과정에서 자신
의 여성성을 부정하거나 잃어버릴 수밖에 없음을 강조
한다. 그는 "남편과 같이 일하면서 예쁘게 보이려 꾸민
다는 것은 하나의 교태였어요. 그런 교태를 갖고는 종업

원을 부릴 수 없어요. 남을 설득하는 힘을 가진 것은 인간성이지요"라고 하면서도, "어머니 노릇은 회사에서 종업원들을 위해서도 필요했어요"라고 언급한다. 사업은 남성적 자질을 요구하지만, 동시에 종업원을 관리하기 위해서는 돌봄 정신을 가진 어머니로서의 역할 행위가 필요하다는 것이다. 가정에서의 허복선 사장을 묘사하는 대목에서는, 그가 세 아들의 요구에 치마를 입으며 운동회에 가기도 한다는 등 여성적 측면을 강조한다.[21] 이는 회사에서는 남성적 자질을 발현해야 한다면, 가정에서는 여성적 자질이 요구됨을 뜻한다. 이처럼 허복선 사장은 여성 경영인으로서 회사를 경영하기 위해 "연약한 여자"가 아닌 남성처럼 행동하고자 하지만, 회사 운영에서 중요한 측면인 직원 관리를 위해서 타인을 보살피고 돌보는 여성의 성역할도 실천하고 있음을 뜻한다. 또한 술을 마시거나 "그 밖의 온갖 방법을 다 동원"하는 남성중심적인 사업 문화로 인해 여성 경영인은 한계를 느낀다고 설명한다.[22]

한국 현대 경제사에서 장사나 사업을 하는 여성은 가부장적인 시선의 영향으로 자신의 경험을 쉽게 드러낼 수 없었다. 특히 한국전쟁 이후 경제적 위기를 겪으며, 여성은 가족의 생계를 유지하고, 자신의 경제적 독립을

이루기 위해 다양한 방식으로 장사와 사업을 하며 경제
적 주체로서의 삶을 살아왔다.

그러나 이러한 경제활동은 사회적으로 긍정적으로 평
가받지 못했다. 전후 사회에서 돈다발을 들고 돈을 세며
이윤을 '밝히는' 여성에 대한 가부장적인 시선이 존재했
기 때문이다. 돈과 셈에 '밝은' 여성은 가정에 충실하지
않을 뿐만 아니라 성적으로도 문제적이라고 여겨졌으
며, 궁극적으로 가부장적인 한국 사회를 파탄 낼 것이라
는 지배적인 담론이 작동했다. 사업적으로 이해타산적
관심을 보이거나 사업적 수완이 뛰어난 여성은 도덕적
이지도 윤리적이지 않다는 인식이 여전하다.

여성의 경제적 능력은 '여성답지 않음' 혹은 여성성을
위반한 것이라는 가부장적인 인식과 강하게 연결된다.
돈, 자본, 사업, 사장이라는 경제적 개념은 여성이라는
성별과 만났을 때 어울리지 않거나 문제적인 것으로 의
미화되었다. 이러한 상황에서 자영업을 하는 여성에 대
한 사회의 시선은 부정적이었으며, 때로는 적대적이기
도 했다.

한국전쟁 이후 여성의 경제적 능력과 입지는 점차 부
각되었지만, 가부장적 젠더 질서의 틀 안에서 남성적 권

력의 약탈 대상이 되었다. 여성이 구성한 상업자본*은 산업화 시기를 거치며 점차 산업자본**으로 포섭되었고, 이는 한국 자본주의 초기인 1950년대에서 산업화로 이어지는 과정에서 여성적 성격이 남성적 성격으로 전환된 경제구조를 반영한다. 여성의 경제활동에 대한 부정적인 인식의 생산은 여성의 장사나 사업, 점포 운영 등 경제활동을 비가시화하거나 문제적인 것으로 구성함으로써 여성의 활동성을 제한한다. 국가권력과 대규모 자본이 확대되면서 한국 자본주의는 남성 주도의 경제구조로 재편되었고, 이는 정부와 기업 등 남성 중심의 정경유착 속에서 재벌과 같은 대기업이 경제를 지배하게 되는 결과로 이어졌다.[23]

이러한 환경에서 여성의 자영업은 상대적으로 위축될 수밖에 없었다.[24] 여성의 경제활동이 남성적 행위로 의미화됨으로써 '여성다움'을 위반하는 것으로 이해되었다. 여성의 남성화는 곧 여성다움을 잃는다는 문제로 연결되었으며, 여성에게는 자신의 본분을 지키라는 요구

---

*   장사 등 상업 활동을 하기 위해 들이는 자본. 흔히 매매와 유통에 사용되는 자본을 말한다.

**   공장 등에서 상품을 생산하기 위해 들이는 자본. 20세기 이후 산업화와 함께, 상업자본 중심의 경제활동은 산업자본 중심의 경제활동으로 전환되었다.

가 부과되었다. 이는 여성의 경제활동이 가부장적 지배 이데올로기에서 특정 방식으로 의미화되고 제한되었음을 보여준다. 그렇다면 어째서 여성은 경제적인 측면에서 항상 윤리적이고 도덕적이고 올바르며, 이해타산적이기보다는 이타적인 존재이길 기대받는가?

여성의 경제적 능력은
가정경제 관리자에 국한

산업화 시기에는 주부의 가정경제 관리 능력이 매우 중요한 덕목으로 부각되기 시작했다. 이는 제한된 자원으로 자녀교육을 비롯한 가계 운영을 효율적으로 계획해야 했던 시대적 요구와 맞물려 있었다.[25] 1970년대 초 경제위기를 극복하려는 박정희 정권의 논리는 주부의 경제적 역할과 결합되었고, 이는 '가계부적기운동'으로 이어졌다. 소비와 저축의 책임이 여성에게 있었으므로 이를 통제하고자 주부들에게 가계부 적기가 강조되었다. 이러한 캠페인은 가계 저축을 증진시켜 국내 자본을 조달하려는 국가적 의도와 연관되어 있었다. 당시 여성저축생활중앙회, 한국여성단체협의회와 같은 단체들은

'알뜰 주부'를 선발하고 시상식을 개최하며 절약 운동을 확산시켰다. 1972년 사회단체 가사원에서는 극빈한 형편에서 가족을 부양하며 검소하게 살아가는 여성을 대상으로 '부지런한 손' 시상식을 열기도 했다. 수상자들은 남편이 일할 수 없는 상황 등 극빈한 형편에서 혼자 힘으로 생계유지, 가족부양, 가사노동을 하며 알뜰하게 살아가는 여성이었다.[26] 이처럼 전업주부들은 가계부적기운동을 비롯해 여성생활검소화운동, 알뜰살뜰부인대회, 저축장려운동 등 각종 운동과 대회를 통해서 가정경제를 알뜰하게 관리하여 부를 축적하는 역할을 강하게 요구받았다.

금융거래를 통해 경제활동에 참여하는 여성에 대한 부정적인 재현과 담론은, 기혼 여성이 집 밖에서 일하며 가정에 소홀해진다는 우려와 함께 형성되었다. 이러한 담론은 여성의 경제적 활동이 가정을 위함이라고 해도, 결과적으로 가정 파탄을 초래할 수 있다고 주장한다. 여성이 가정경제를 위한 경제적 실천을 하더라도, 남편이 벌어온 돈을 알뜰히 관리하는 전업주부로서의 역할에 충실할 때만 그러한 경제적 실천이 정당화된 것이다.

이처럼 산업화 시기와 1980년대를 지나면서 부상한 여성 기업인은 한편으로는 사회적 주목을 받으면서도

여성이라는 성별 규범에서 자유로울 수 없었다. 여성의
계, 일수 등 금융 활동은 상당히 부정적으로 이해되었다.
하지만 자영업과 금융 활동 등 여성의 경제활동에 대한
부정적 시선에 대한 비판적 논의가 부재한 채 자영업자
로서 여성의 경제 영역으로의 진출이 지속되고 있다.

3 사장이 '되고픈' 요즘 청년 여성

디지털 플랫폼 시대의
자기 고용을 실천하는 여사장

SNS 기반의 사업에 뛰어든
청년 여성

1990년대 이후 서비스산업의 꾸준한 성장과 인터넷 기술의 발전에 따라 사업의 방식이 크게 변화하면서 창업하는 청년 여성의 수가 가시적으로 늘어왔다. 2030 여성이 사업에 뛰어들기 시작한 것은 2000년대 이후 컴퓨터를 활용한 인터넷 기반의 쇼핑몰이 등장하면서부터였다. 여성 창업자는 패션이나 미용 관련 쇼핑몰을 주로 운영하면서 여성 소비자들 사이에서 상당한 인기를 끌었다. 이들은 자신이 잘 알고 있는 분야를 인터넷쇼핑이라는 새로운 형태의 유통과 판매에 접목하면서 여사장이 되었다.

2009년 국내에 아이폰이 들어온 이후 4~5년도 채 지나지 않아 스마트폰이 대중화되었고, 휴대가 간편한 태

블릿이나 노트북 등을 활용해 언제 어디서든지 모바일 기반의 플랫폼에 쉽게 접근할 수 있게 되면서 인터넷상 거래는 더욱 확대되었다. 페이스북, 인스타그램, 엑스(전 트위터) 등 소셜네트워크서비스가 활성화되면서 이러한 플랫폼을 활용해 다양한 종류의 상품을 판매하고 또 이를 소비하는 이들이 급증했고, 이에 따라 다양한 규모의 사업에 진출하는 여성이 증가했다. 사업을 시작하려는 여성에게 커다란 제약이었던 홍보와 판로 등의 문제가 SNS 기반의 거래가 확산되면서 일정 정도 해소되었기 때문이다.

특히 이들은 인스타그램(2010년 서비스 시작)에 계정을 만들어 자신이 제작하는 상품을 소개하고, 상품을 사용하는 자신의 일상적인 삶을 보여주면서 소비자에게 상품이 더욱 매력적이라는 메시지를 전달한다. 나아가 인스타그램을 통해 쉽게 상품광고를 담아 포스팅하며 해당 상품에 관심 있는 소비자의 댓글에 일일이 반응하기도 한다. 인스타그램에 접속한 소비자는 최신 유행과 맛집 등을 찾기 위해 빈번하게 무언가를 검색하고 주목할 만한 인플루언서의 계정을 팔로잉한다. 이러한 일상적 놀이 및 문화는 상품 구매로 이어진다. 규모를 갖춘 회사는 여전히 인터넷홈페이지를 개설해 상품을 소개하고 판매하기도 하지만, 인스타그램과 같은 SNS의 부상은 인터넷홈페이지를 만들지 않아도 훨씬 더 쉽고 빠르게 상품을 소개하고 판매하며 소비자와 만날 수 있게 해주었다. 이처럼 상품과 서비스를 판매하고 유통하는 장사나 사업의 진입장벽이 낮아지면서 더욱 많은 청년 여성이 사업의 세계로 진출하고 있다. 진입이 쉬운 네이버 스마트스토어나 핸드메이드 제품을 주로 판매하는 쇼핑몰 아이디어스Idus와 같은 플랫폼 역시 여성에게 사업 진출의 문턱을 낮춰주었다.

* * *

'키라네책부엌'은 인스타그램을 적극 활용해 책방을 운영하며 남들과 다른 자신의 일상과 삶의 방식을 공유하는 여성 자영업자이다. 독립 서점 형태의 동네 책방이 전국적으로 들어서고 있는 가운데, 이 책방은 제주의 귤밭 사이에 위치해 있다. 이 책방을 운영하는 청년 여성은 제주와 인도네시아의 발리를 오가며 살고 있는데, 제주에 거주하는 동안에 요리 서적 전문 책방을 시즌제로 운영한다. 제주가 갖는 지역적 성격을 바탕으로 친환경적이고 반자본주의적인 방식의 대안적인 삶을 추구하며 살아가고 있다. 상품으로서의 책과 함께, 자신의 삶의 방식 그 자체가 인스타그램을 통해서 공유되며 이를 팔로워하는 젊은 여성 소비자에게 판매된다. 적지 않은 여성이 이처럼 인스타그램을 개인 홈페이지로 활용해 사적인 삶, 특히 새로운 삶의 방식과 라이프스타일을 공유하곤 한다. 사적인 공간처럼 느껴지지만 상품을 판매하는 공적인 공간이라는 성격도 공존하는 것이다.

이처럼 SNS의 발달로 여성은 큰돈을 들이지 않아도 자신의 상품을 불특정 다수에게 알릴 수 있게 되었다. 자본과 자원이 충분치 않은 여성도 쉽게 사업에 진출할 수 있을 뿐 아니라, 일상이라는 삶의 영역에서 사업의 영역으로 나아갈 수 있게 되었다. 소통에 탁월한 감각과 능력을 지닌 여성은 SNS를 통해 자신의 일상과 라이프스타일을 타인과 공유하고 있다. 이제는 인스타그램이나 유튜브와 같은 플랫폼을 활용하지 않고 새롭게 떠오르는 맛집이나 새로 출시된 상품 등 빠르게 변화하는 유행과 소비문화를 파악하는 것은 불가능에 가깝다. 새로움을 만들고 유행과 트렌드를 이끌어가는 주체는 SNS 기반의 일상을 살아가는 청년세대, 즉 디지털네이티브 세대이며, 그중에서 여성이라고 해도 과언이 아닐 것이다.

더욱이 여성이 상품 판매나 거래에 친숙해진 배경에는

중고 물품을 판매하거나 인기 있는 상품을 재판매(리셀)하는 소비문화가 확대된 것도 하나의 요소로 자리 잡고 있다. 중고 물품을 직거래하는 플랫폼인 당근마켓이 대중적으로 큰 인기를 끌면서 중고 물품을 쉽게 판매하고 구입할 수 있게 되었다. 중고 물품을 사고파는 유통 문화가 자리하면서, 전문적이거나 직업적으로 상품을 판매하는 사람뿐 아니라 이 시대를 살아가는 사람이면 누구나 물건을 판매할 수 있게 된 것이다.

플랫폼 자본주의라고도 불리는 이러한 시대의 변화 속에서 자영업을 하는 여성, 특히 청년 여성이 가시적으로 증가하게 된 것이다. 청년 여성은 동네 책방은 물론, 네일 숍과 미용실, 1인 독립 출판사, 제로 웨이스트 숍 등 매우 다양한 업종으로 점포를 개설하고 사업을 시작하고 있다. 최근에는 사업장이나 점포를 따로 마련하지 않고 온라인으로만 상품을 판매하는 경우도 많아지고 있다.[1] 이처럼 인터넷 기술의 발전에 따른 산업구조의 변화 속에서 창업과 벤처 등 새로운 형태의 경제활동을 전개하며 사업가적 마인드를 장착한 청년 여성이 여사장이 되기를 꿈꾸고 있다.

콘텐츠의 세계와
여성 크리에이터

컴퓨터를 기반으로 생산방식의 혁신적인 변화를 이룬 4차산업혁명 시대에 민감하게 반응하며 과감하게 새로운 시도를 하는 청년 여성들도 있다. 이들은 SNS를 기반으로 자신의 감각과 능력을 가감 없이 발휘해왔고 젊은 여성 소비자 역시 이들에게 열렬한 환호와 지지를 보내왔다. 무엇보다 2000년대 이후 인터넷과 SNS가 부상하며 '인플루언서'의 존재가 두드러졌다. 인플루언서란 인터넷에서 높은 인지도를 얻으며 대중에게 상당한 영향을 미치는 사람을 뜻한다. 네이버나 다음 블로그가 인기를 끌던 시절 파워 블로거가 올린 포스팅이 사람들의 상품 소비에 영향을 미쳤으며 이후 페이스북과 유튜브로 그 영역이 확장되었다. 여성들 역시 인플루언서로 디지털 세계에서 자신의 능력을 발휘하기 시작했는데, 이들의 활약은 패션과 미용 분야에서 두드러졌다. 여성 인플루언서는 화장품에 관한 새로운 상품 정보를 제공하고 상세한 사용법을 안내하면서 여성의 소비문화에 상당한 영향을 미쳤다. 이러한 실천은 디지털 노동으로 개념화되면서 여성 인플루언서가 제공하는 상품 정보와 사용

법에 대한 설명이 어떠한 대가 없이 기업의 배를 불리는 것으로 분석되기도 했다.[2]

패션과 미용 분야의 인플루언서가 가진 영향력이 확대되면서 이들은 시중에 판매 중인 제품의 사용 후기와 사용법을 알려주는 데 그치지 않고, 나아가 자신의 경험과 지식을 바탕으로 화장품산업이나 패션산업과 협업하면서 새로운 상품을 개발하여 판매하기 시작했다. 게다가 자신만의 독자적인 브랜드를 세워 회사를 창업하기도 한다. 인플루언서는 자신을 팔로잉하는 수십만 명 혹은 수백만 명의 팔로워가 있기 때문에 새롭게 개발한 신상품을 손쉽게 수많은 사람에게 알릴 수 있으며 판매 수익도 어느 정도 보장받을 수 있다.

페이스북과 유튜브에서 인기를 끌었던 패션·뷰티 크리에이터 포니가 화장품업체 미미박스와 협업해 팔레트를 출시했고 이사배가 글로시데이즈라는 화장품업체와 이사배박스를 출시해 상당한 판매고를 내기도 했다. 고밤비가 아모레퍼시픽과 협업하여 틴트를 출시해 3분 만에 완판했으며, 아만다와는 립스틱을 출시하는 등 성공적인 협업들이 지속적으로 나타나고 있다.[3] 여성 인플루언서의 영향력이 상품 홍보는 물론 생산으로까지 확대되고 있는 것이다. 이처럼 SNS를 활용해 상품을 홍보하고 판매하는 일련의 새로운 경제 생태계 형성에 청년 여성의 참여가 두드러졌다.

청년 여성은 유형의 상품뿐만 아니라 무형의 서비스, 즉 콘텐츠를 생산하며 인기를 끌기도 한다. 오늘날 유튜브(2005년 서비스 시작)는 세대와 무관하게 수많은 사람이 정보를 얻고 놀이를 위해 방문하는 동영상 콘텐츠 플랫폼이다. 유튜브를 활용한 유명 여성 크리에이터, 즉 유튜버가 등장했고, 인기 유튜버는 자신만의 독특한 콘텐츠를 생산함으로써 채널의 구독자 수와 조회수를 통해 광고 수익을 얻는다. 크리에이터이자 전 방송국 피디인 재재나 래퍼이자 유튜브 채널을 운영하는 이영지가 이러한 예에 해당한다. 초등학교를 다니는 십대 초반 어린이들이 말하는 미래의 꿈이 유명 크리에이터인 만큼, 이제 콘텐츠 크리에이터 역시 직업으로서 인기가 상당하다. 이러한 크리에이터는 노동의 대가로 임금을 받는 것이 아니라 자기 스스로 콘텐츠를 생산하여 그에 대한 소비의 대가로 소득을 얻는다는 점에서 자기 고용을 실천한 여성, 즉 자영업자라고 할 수 있다.

요즘 청년 여성에게 상당한 관심을 한 몸에 받는 이슬아 작가 역시 새로운 형태의 여성 자영업자라고 할 수 있다. 그는 자신이 쓴 글을 구독 서비스로 직접 연재하며 인기 작가가 되었다. 이슬아 작가는 다양한 서비스를 제공한 경험을 바탕으로 출판사를 설립하고 이를 가족이 함께 운영하는 기획사로 발전시켰다. 그는 자신을 작가이자 드라마 각본가, 대표, 아티스트 등으로 명명하며 다양한 콘텐츠를 생산해 이 시대 청년 여성에게 새로운 롤모델로 위치한다. 이슬아 작가는 변화하는 시대의 특징을 그 누구보다 잘 포착하고 이를 바탕으로 자신의 능력과 재능을 발휘하고 있는데, 그의 이러한 삶의 방식은 청년 여성에게 상당한 대중적 인기를 얻었다. 이슬아 작가는 온라인 기반의 매체를 활용해 자신의 가치를 극대화하였으며 기성 조직에 취업하는 대신 자신만의 직업적 세계를 새롭게 구성해냄으로써 경제적 소득을 창출하고 있다. 다시 말해 이전과는 완전히 새로운 방식의 일과 노동을 스스로 창출하는 것으로, 취향과 욕구, 관심사를 중심으로 일과 경제활동의 세계를 구축하고 있다. 대기업이나 공공기관 등 이미 만들어진 조직에 취업해 출퇴근하고 노동한 대가로 임금을 받는 것이 아니라, 다양한 형태의 디지털 미디어를 적극적으로 활용하여 스스로 이윤과 자본을 창출하는 자기 고용을 실천하는 것이다.

이처럼 청년 여성은 대중문화 콘텐츠는 물론 일상과

삶에 밀접한 상품과 서비스를 개발하고 판매하고 있다. 물론 이러한 일과 경제행위는 창의노동이라고 정의되며 때로는 비판적으로 검토되기도 한다.[4] 창조경제, 즉 창의적 능력을 발휘하면서 돈도 벌 수 있다는 논리가 청년을 착취에 내몬다는 점에서 비판적으로 이야기되고 있기는 하나, 이들의 행위는 스스로 일자리를 만들고 소득을 창출해낸다는 점에서 자기 고용 실천이기도 하다. 신자유주의 시대 노동자로서 하루하루 살아가는 삶 속에서는 의미를 찾는 것은 결코 쉽지 않다. 그러다 보니 자신의 삶을 스스로 관리 및 통제하고 의미 있는 삶을 살아가기를 희망하는 청년 여성이 등장하는 것이다. SNS를 비롯한 기술 발달과 함께, 자신을 브랜드화하고 가시화하고자 하는 청년세대의 자기표현 욕망이 맞물리면서 창업 혹은 자영업이 그들에게 매력적으로 다가온다. 더욱이 대중문화 콘텐츠 생산과 같은 문화산업에 대한 여성의 관심이 증가하면서, 거대한 남성 중심 조직의 일원이 되기보다는 자신을 중심으로 삶의 방식과 기준을 바꾸고 라이프스타일을 새롭게 구축하려는 청년 여성이 증가하고 있다.

청년 여성이 마주한
노동사회의 벽

   새롭게 나타나고 있는 청년 여성의 자영업 세계는 경제적 접근으로 확장되지 못하고 소비나 문화의 영역에서 해석되는 데 머무른다. 이는 청년 여성이 새롭게 구성하는 영역 혹은 세계가 경제적인 측면이나 사회문화적 측면에서 어떠한 의미가 있는지를 밝혀내야 하는 대상으로 여겨지지 못하거나 이러한 변화가 신자유주의 맥락에서 한계적이라는 비판적 논의를 전개하는 데만 집중하기 때문이다.

   하지만 청년 여성이 구성하는, 이전과 다른 방식의 일과 라이프스타일은 기존의 노동과 경제를 새롭게 구성하는 것으로, 좀 더 맥락적으로 해석되고 의미화될 필요가 있다.

저성장시대 청년세대에게
'대안'으로서 제시되는 자영업

1990년대 IMF 외환위기 이후 청년세대의 취업 문제는 계속해서 악화되어왔다. 청년들은 취업을 위해 졸업을 늦추고 다양한 스펙을 쌓으려 공모전과 인턴 등 취업에 도움이 된다고 여겨지는 모든 것에 참여하고 있다. 하지만 그러한 노력에도 불구하고, 대학을 졸업한 뒤에도 취업 준비를 위해서 몇 년씩 시간을 보내야만 하는 상황에 내몰리고 있다. 이런 상황이다 보니 정부나 지방자치단체 그리고 대학에서는 청년들에게 취업의 '대안'으로서 창업을 제시하고 있다.

오늘날 청년 여성은 대학에서부터 변화하는 산업구조와 사회문화 속에서 사업적 감각과 경영마인드를 키운다. 대학에서는 졸업생의 취업률을 올리기 위한 방편으로 창업에 관심을 기울이고, 그중 여자대학교 역시 자신의 사업을 하는 여성 사업가를 육성하는 데 많은 관심과 노력을 쏟고 있다. 여대생을 대상으로 창업을 위한 다양한 프로그램을 개설해 제공하고 IT 기반의 벤처기업을 창업할 수 있도록 교육하는 것은 여대생의 수요가 확대되고 있을 뿐 아니라 이에 대한 정책적 지원 역시 많아지고 있기 때문이다. 대학과 학생 모두 졸업 후 자신이 하고 싶은 사업을 만들어내는 것이 미래지향적이라고 보고 있다.

더욱이 지방 소멸과 청년인구 유출 문제가 발생하는 지역에서는 일자리 부족 혹은 원하는 일자리의 부재로 지역을 떠나는 청년을 머물도록 하기 위해 창업 교육은 물론 창업자금도 지원하고 있다. 중소벤처기업부가 육성하는 로컬크리에이터 역시 지역, 문화, 역사, 경제를 연결하여 일자리를 창출하고 지역사회에서 청년들이 지속적으로 거주하도록 한다. 창업을 시도한 청년 중에는 지역사회에 성공적으로 안착하여 언론의 조명을 받으며 안정적인 수익 구조를 구축한 경우도 있다. 하지만 많은 경우 오히려 부채 경제에 의존하기도 한다. 지역사회에서 청년을 상대로 소자본창업의 장에 진입하도록 했지만, 결과적으로 부채 인간을 양산하는 결과를 초래했다는 비판도 제기된다.[1]

이러한 상황임에도 창업을 꿈의 대안적 실천으로 이해하는 경우가 있다. 지역사회에서 여성의 일자리는 청년 남성과 비교해 더욱 부족한 상황이기 때문에 일자리를 찾아 서울로 이동하는 지역 여성의 수도 적지 않다. 2010년대 중반부터 이십대 여성의 서울 이주가 급격히 증가했는데, 그 이유는 이들이 원하는 일자리가 수도권에 몰려 있기 때문이다. 그 이전 시기만 해도 여성보다 남성의 이주가 많았지만, 이제 이십대 여성의 서울 이주가 대세로 바뀌었다. 젊은 여성은 미디어나 디자인, IT 관련 업종 등 콘텐츠 산업과 서비스업종에 진출하기를 희망하는데 이런 업종은 서울 이외의 지역에서는 찾기 어렵기 때문이다. 또한 청년 여성은 문화인프라에 대한 수요가 상당히 큰데, 이들이 주요 콘텐츠 산업의 소비층이기 때문이기도 하다. 이러한 요인이 지역에 거주하는 청년 여성을 수도권으로 이동하도록 촉구한다.[2]

서울을 비롯한 수도권지역은 물론 중소 도시나 지역에 거주하는 청년 여성은 제한된 일자리 환경 속에서 자신이 원하는 꿈을 실현하고자 새로운 시도를 하고 있다. 창업은 흔히 경제적 성공을 목표로 한다고 이해되지만, 지역에서 자신이 하고자 했던 새로운 시도, 즉 창업을 통해서 자신의 꿈을 대안적으로 실현하려는 경우가 있다. 일자리를 찾기 어려운 지방 노동시장의 한계 속에서 오히려 꿈을 위한 대안적 실천으로서 창업을 계획하는 것이다. 자영업을 하는 지역의 청년 여성을 연구한 여수연은 이들에게 창업은 "'지역-가족-나'의 자본을 통해 온전한 개인으로 살아갈 수 있는 자립의 조건을 마련하는

과정"이라고 말한다. "숨만 쉬어도 돈이 나가는 곳"인 서
울에서 반복적이고 강도 높은 노동을 지속하는 것보다
오히려 지역에서 창업하는 것이 더 낫다고 이해되기도
한다. 본가에 머무르면서 시간적 여유와 주거 안정을 확
보하고 먹고살 정도로만 벌며 자신이 원하는 일이 무엇
인지를 탐색하는 과정에서 창업을 새로운 꿈이자 대안
으로 삼는다. 청년 여성은 경제적 소득을 위한 도구적 수
단인 일자리보다 삶의 의미를 구현할 수 있는 일을 추구
하며, 자아실현은 물론 자신의 꿈을 실현할 수 있는 일자
리가 부족한 지역에서, 오히려 그곳에 맞는 창업을 통해
자아실현과 자기 성장, 자신만의 정체성을 찾아가고자
한다.[3] 또한 회사를 다니는 청년 여성이 자신이 원하는
창업 아이템을 찾으며 온라인판매를 시도하거나 주말이
나 휴가를 활용해 창업을 미리 경험해보기도 한다. 이로
인해 이삼십대 여성의 겸업도 증가하는 추세이다.[4]

**청년세대의 창업과
성별 현황**

2018년 창업 기업 실태조사에 따르면 여성 청년 창

업자는 35.3퍼센트, 남성 청년 창업자는 64.7퍼센트이다. 여성보다 남성 창업자가 두 배 정도 더 많은 상황이다. 여성은 개인사업자가 36.6퍼센트로 법인보다 더 높은 비율을 차지하는 반면에, 남성은 법인사업자가 개인사업자보다 더 큰 비율을 차지한다. 여성의 창업은 남성과 비교해 규모가 상대적으로 작다는 것을 알 수 있다. 업종별로 여성의 창업이 남성보다 더 많은 분야는 일반 개인 고객에게 서비스를 제공하는 개인서비스업이 유일했다. 그리고 이십대 청년 가운데 남성의 창업 비율이 73.5퍼센트, 삼십대는 63.9퍼센트로 이십대에서 삼십대까지가 창업의 성별 격차가 가장 큰 시기로 나타났다. 즉 청년 남성은 이십대에서 삼십대에 창업하는 비율이 높다는 것이다. 여성은 남성과 비교해 고졸과 전문대졸의 학력을 가진 창업자의 비율이 높은 반면, 남성은 대졸 이상의 학력을 가진 창업자의 비율이 높았다.

이는 정부가 취업률 제고를 위해 실시한 창업 교육과 고졸 여성의 제한적인 취업 기회 때문인 것으로 보인다. 대학 전공을 살펴보면 청년 남성 창업자는 인문계열과 공학계열 출신의 비율이 높다면, 청년 여성 창업자는 인문계열과 예체능계열 출신의 비율이 높다.[5] 대학 진학 시 전공 선택의 성별화 현상이 나타나고 있으며 이러한 대학 교육이 창업과 산업 분야에도 영향을 미치는 것을 알 수 있다. 이처럼 창업에 있어서 성별에 따라 업종과 학력, 전공 등에 차이가 나타남을 확인할 수 있다.

청년창업 지원사업은 그동안 고용노동부, 행정안전부 (지역주도형 청년일자리사업: 창업투자생태계조성형), 과학기술정보통신부, 여성가족부(여대생 대상의 여성창업케어 프로그램) 등에서 실시하였다. 특히 박근혜 정부 시절 창조경제가 강조되면서 중소벤처기업부 산하의 창조경제혁신센터가 설립되었는데, 이는 창업을 지원하는 기관 중 하나이다. 청년세대를 위한 창업 교육은 청년창업사관학교에서 활발하게 이루어지고 있으며, 여기에서 청년들은 창업 바로 전 단계를 경험하고 본격적인 창업의 세계에 진출한다. 역시 중소벤처기업부 산하의 중소벤처기업진흥공단(중소기업진흥공단)에서 청년 대상의 창업교육을 위해 2011년에 문을 연 청년창업사관학교(전 청년창업센터)[6]는 2024년 기준 전국적으로 열여덟 개소가 운영 되고 있다.[7] 그러나 청년창업사관학교는 제조업 분야 위주의 기술창업을 지원하고 있어 인문·예체능을 주로 전공한 청년 여성의 참여율이 낮은 상황이다. 청년 여성 창업자는 개인 서비스업, 보건·사회복지, 교육서비스업 등의 업종에 주로 진출한 반면, 남성 청년 창업자는 금융·보험업, 출판·영상·정보 사업, 서비스업 등의 업종에 90퍼센트 가까이 진출하고 있어 산업별 성별 차이가 두드러진다. 또 청년 여성이 진출하는 업종은 저성장 산업으로 여겨지는 분야이며, 영세한 규모에 낮은 생존율 등이 특징이다.[8] 이러한 청년 여성 창업자의 업종 쏠림현상은 여성 대표자 사업체의 산업별 분포를 통해서도 확인할 수 있다. 여성이 많이 진출하는 산업은 도매 및 소매업(28.8퍼센트), 숙박 및 요식업(21.9퍼센트), 협회 및 단체, 수리 및 기타 개인서비스업(10.5퍼센트) 순이다.[9] 청년 여성은 물론 기성세대 여성에게도 정보통신업, 전문 과학 및 기술 서비스업과 같은 첨단산업 분야로의 진출은 제한적임을 알 수 있다.

청년 여성을 창업으로 내모는
성차별적인 노동시장

청년 여성이 자영업을 비롯해 창업으로 진출하는 데는 노동시장의 성차별적인 측면도 큰 요인으로 작용한다. 저성장시대 청년세대의 취업 자체가 매우 어려운 상황인 데다가, 노동시장에 진입하는 과정에서는 물론 진입한 이후에도 성차별이 지속된다. 더욱이 신자유주의적 환경에서 불안정하고 강도 높은 노동에 시달리는 경우도 많다. 대학 교육을 받고 사회로 나온 젊은 여성은 노동시장에서 자신이 남성과 동등한 처우를 받으리라고 기대하지만, 여성이라는 이유만으로 노동시장은 성차별적이다. 한국 사회의 성별분업에 따른 노동시장의 직종 분리, 기혼 여성의 임신, 출산, 육아로 인한 경력 단절과 재취업 시 겪는 차별 등 여성은 성역할 때문에 공적영역에서 언제나 저평가받는 상황이다. 취업을 하고 얼마간의 사회생활을 해본 여성은 직장이 얼마나 남성중심적으로 운영되는 조직인지 몸소 체험한다. 이들은 성별 임금격차와 유리천장을 마주하고 직장 내 성희롱 등에 노출된다. 여성의 교육이 확대된 현시대는 '구조적 성차별'이 사라진, 능력만 있으면 여성도 사회에서 자신을 기량을 펼칠 수 있는 능력주의 시대라고 말해지지만, 여전히 여성은 노동시장에서 수많은 차별에 직면한다.

여성의 몸을 고려하지 않는 작업장은 여성 노동자들에게 산업재해를 초래한다. 2022년 SPC 파리바게트 경기도 평택 제빵 공장에서 근무하던 스물세 살의 여성 제빵사가 사망한 사건이 있었다. 또한 같은 해 가을 신당역에서 근무하던 여성 역무원이 직장 내 남성 직원에게 지속적으로 스토킹을 당했고, 이 때문에 해고된 남성 직원에게 근무 중 지하철 화장실에서 살해되는 사건이 발생했다. 이는 노동시장에서 일하는 청년 여성의 안전이 여러 측면에서 보장되지 못하고 있음을 보여주는 단면적 사건이다. 이에 청년 여성은 안전한 노동환경을 매우 중요한 이슈로 여기고 있지만 이들의 불안감과 걱정은 직장은 물론 한국 사회에서 중요하게 받아들여지지 못하고 있는 상황이다.

2010년대 중반 이후 한국 사회에서 미투운동과 페미니즘 대중화가 전개되면서 청년 여성은 성차별, 특히 직장 내 성희롱과 디지털 성폭력과 같은 젠더폭력을 심각한 문제로 여기며 남성중심적인 조직문화에 비판적으로 접근하게 되었다. 여성을 동등한 동료로 이해하지 않고 얼굴 생김새를 평가하는 '얼평'을 하거나 성적인 대상으로 여기는 등 직장 내 남성주의적 시선과 태도를 상당히 비판적으로 바라보는 것이다. 이런 가운데 페미니즘 의식을 가진 혹은 페미니즘에 관심을 가진 청년 여성을 채용 과정에서 '사상검증'해 제외하거나, 퇴사시키는 일도 발생하고 있다. 2018년 IMC게임즈 이용자들이 한 일러스트 작가의 '페미니즘 사상'을 문제 삼으며 '퇴출'을 요구했고 사측은 작가가 개인의 SNS 계정에서 여성 인권 단체를 팔로우한 사실을 문제 삼아, 결국 해당 직원이 퇴사하는 일이 벌어졌다.[10] 이처럼 노동시장에서 여성 노동자에 대한 차별은 심각한 상황으로 치닫고 있으며,[11] 이러한 현실은 '페미 사냥'으로 불리고 있다.[12] 여성은 여성으로서 노동시장에서 부당한 처우를 경험하면서도, 이에 대한 문제의식과 비판을 공개적으로 표출하기 어려운 상황에 놓여 있다. 남성중심적이고 가부장적으로 운영되는 회사에 대한 청년 여성의 부정적 인식과 거부감이 커져, 많은 청년 여성은 노동자로서 자신을 정체화하는 데 한계를 느낀다. 남성중심적인 경제구조와 조직문화의 가부장성은 청년 여성들에게 기존과 다른 방식의 삶을 선택하도록 촉구한다.

이러한 상황에서 청년 여성은 기존의 노동시장, 특히 임금노동자로서의 삶 대신에 규모에 상관없이 자신이 통제 및 관리할 수 있고 자신이 생각하는 것을 반영할 수 있는 방식의 경제활동, 즉 자기 고용을 통한 경제활동을 선호하거나 선택하게 된다. 이를 주요하게 고려하게 되는 또 하나의 중요한 이유는 바로 여성의 임신, 출산, 육아로 인한 경력 단절과 이 과정에서 경험하는 성차별 문제이다. 여전히 여성들은 결혼 후 임신과 육아로 직장을 그만두거나 회사 일에 충실하지 않을 것이라는 편견에 직면해 있다. 돌봄을 담당하지 않는 남성을 기준으로 한 노동자 모델은 여성을 생산성과 이윤 중심의 노동에 적합하지 않은 존재로 간주한다. 더욱이 경력 단절 여성에게 재취업 문제는 매우 심각한 현실이다. 경제 영역의 수많은 사업체는 경력 단절 여성, 즉 중고령층 여성을 채용하려 하지 않는다. 전문직 분야의 경력이 없는 경우는 물론, 전문직 분야의 경력이 있는 경우도 이전에 근무했던 분야나 노동조직에 재진입하는 것은 불가능에 가깝다. 기업의 남성중심적인 운영과 조직문화는 여전히 변화하지 않고 있으며, 결국 중고령층의 경력 단절 여성은 전통적인 여성 분야로 발길을 돌린다. 이들 대다수가 아이 돌보미, 환자와 노인 돌봄, 음식, 청소 등 여성의 성역할과 밀접한 분야로, 특히 육체적인 노동강도가 강한 곳으로 재취업할 수밖에 없다. 정부는 기혼 여성의 노동시장 재진입을 위한 정책적 노력을 기울이고 있지만, 성차별적인 노동시장을 개선하는 데는 적극적이지 않다.

이런 상황이다 보니, 청년 여성은 자신의 경험을 통해서, 그리고 어머니 세대의 노동 경험을 옆에서 지켜보면서 더 이상 어머니 세대와 같은 삶의 방식을 희망하지 않는다. 남성과 동등하게 성장하고 교육받아 대학교를 졸업한 청년 여성은 남성과 마찬가지로 사회적으로 능력을 인정받으며 살아가기를 원한다. 청년 여성은 남성과 달리 여성이라는 이유만으로 주변화되고 배제되는 노동시장을 떠나, 타자화되지 않고 자기 주도적인 삶을 살아갈 수 있으리라고 기대되는, 혹은 다른 선택지가 될 수 있다고 여겨지는 자영업으로 향한다.

여성이 자영업을 선택하고 이를 직업의 대안으로 접근하는 데는 녹록지 않은 노동시장의 현실, 특히 신자유주의적 노동시장의 영향을 간과할 수 없다. 청년 여성은 노동시장에 진출하더라도 불안정한 비정규직으로 내몰리면서 안정적인 경제활동을 지속하기 어려운 현실에 직면한다. 2000년대 이후 여성의 비정규직화는 더욱 심화되었으며, 불안정한 노동환경 속에서 미래를 안정적으로 기획하는 것은 더욱 어려워졌다. 청년 여성들은 고도로 발전한 자본주의사회에서 소모품처럼 사용되고 버려지는 현실에 강한 거부감을 느낀다. 이들은 단순히 안정이나 더 많은 돈을 벌겠다는 욕망보다는 '나답게' 살고 싶다는 바람을 더욱 중요하게 여기며, 이러한 가치관이 삶을 기획하는 과정과 직업 선택에 영향을 미치고 있다. 청년 여성 중에는 대학 졸업이나 취업 등 본격적으로 미래를 준비하는 과정에서 기존의 제도권과 시스템

안에서 종속적인 노동자가 되기를 거부하는 경우가 늘
어나고 있다.

삶과 노동에 대한
가치관의 변화

라이프스타일로서의

일과 일상의 결합

　이런 상황에서 청년 여성의 취업과 관련한 선택이 더욱 다양해졌다. 이들은 여전히 대기업이나 공사 등 높은 임금을 받을 수 있는 안정적인 일자리를 선호하기도 하지만, 1인 창조기업, 벤처기업 등 새로운 분야로도 진출하며 규모가 작은 동네 서점, 소품 가게, 디저트 식당 등 다양한 업종의 자영업을 시도하고 있다. 앞서 언급했듯이 디지털 미디어 시대 콘텐츠 사업에 진출하는 등 기존의 직업과는 다른 영역에 진출하면서 이전과는 다른 시도로 자신의 경제적 자립을 실천하는 여성이 등장하고 있다.

　이러한 선택의 이유는 무엇보다 청년 여성들이 보다 자유롭고 독립적인 삶을 원하며, 자신을 소외시키지 않는 방식으로 살아가고자 하기 때문이다.[1] 기존의 시스템과 삶의 규범을 따르기보다는, 자신이 생각하는 새로운 가치를 바탕으로 삶의 기준과 방식을 만들어내기를 선호한다. 이들은 좀 더 창의적인 자아creating self로서 자신의 삶을 주체적으로 형성하며, 자신의 관심사와 능력을 발휘할 수 있는 기회를 찾고자 한다. 창의적인 자아가 되고자 하는 젊은 여성들은 자신의 자존감과 존재감, 그리고 취향을 살릴 수 있는 일의 방식과 경제활동으로 나아간다. 이제 이들에게 중요한 것은 자신이 그 일을 하고 싶은지, 그리고 자신의 취미와 취향, 나아가 삶의 방식을 그 일에 반영할 수 있는지이다. 여성들은 자신의 삶과 일상, 미래, 가족 등이 자본, 권력, 국가와 같은 외부의 힘에 의해 좌우되거나 통제되는 것을 원하지 않는 경향이 강하다. 물론 경제적 수익, 즉 이익을 가장 우선하는 경우도 있지만, 동시에 대안적 삶의 방식과 가치를 실현하고자 한다. 워라밸, 즉 일과 퇴근 이후의 삶의 균형을 중시하며, 기계처럼 일하기보다는 자신의 취미와 욕망에 충실한 방식으로 일하고자 한다.[2] 또한, 미래를 위해 현재를 희생하기보다는 현실에 집중하고자 하며, 지금 이 순간의 행복과 만족을 중요하게 여긴다. 이제 청년 여성들은 자신이 선택하는 혹은 선택할 수 있는 직업이 자신의 취미, 욕구, 욕망, 취향 등을 충분히 반영할 수 있는가, 하는 질문을 던지기 시작했다. 이들에게 자신의 존재감을 느낄 수 없는 일과 직업은 더 이상 매력적이지 않다. 한국처럼 장시간 노동이 강요되는 구조와 그에 더해진 저임금 속에서 자신의 젊은 시절을 '탕진'하는 것은, 설령 높은 수익이나 안정성을 보장받는다 해도 매력적이지 않다는 인식이 점점 확대되고 있다.

또한 이들은 환경문제나 인권 등 대안적가치를 자신의 일과 함께 추구할 수 있기를 희망한다. 청년 여성들은 페미니즘을 비롯해 환경문제, 생태주의, 돌봄 등 다양한 대안적가치를 삶의 중요한 요소로 삼으며 살아갈 수 있는 방식을 찾고자 한다. 청년 여성들은 더 이상 가부장적이고 남성중심적인 조직, 직장 내 성희롱이 만연한 환경, 그리고 권위적이고 위계적인 기성 조직의 일원이 되기를 원하지 않는다. 규모가 작거나 충분한 소득이 보장되지 않더라도 자신의 애정과 관심이 반영된 세계로 향하려 한다. 유리천장에 가로막힌 채 비정규직 노동자로 자본주의의 톱니바퀴를 돌리며 살아가는 자신을 더 이상 마주하고 싶지 않은 것이다. 이러한 현실에 지치고 회의감을 느낀 청년 여성들은 일찍이 자기주도적학습을 경험한 세대로 학교를 떠나 사회에 나가서도 자기 주도적이고 자율적인 방식의 경제활동을 하길 희망한다. 즉 자신이 하고 싶은 일, 취미, 관심사를 최대한 반영하면서도 대안적가치를 실현하는 라이프스타일로서의 일을 추구한다. 이러한 과정에서 자영업이나 자기 고용 형태의 경제활동이 자연스럽게 선택지로 자리 잡는다.

청년 여성에게 확대된
가치소비와 팬덤 문화의 산업화

또 하나 주목할 점은 한국의 청년세대를 중심으로 정치적 혹은 윤리적 소비문화가 크게 확산되었다는 것이다. 정치적 소비란 어떤 상품을 구매할 때 발생하는 정치적 의미를 고려하여 구매를 결정하는 것을 뜻한다. 그 예시로 일본군 '위안부' 관련 굿즈 소비를 들 수 있다. 일본군 '위안부' 피해 여성을 지원하고 이 문제를 해결하기 위한 운동 차원에서 전개된 굿즈 판매 운동은 소비라는 경제적 행위가 가지는 정치성을 강조하며, 이를 통해 청년들 사이에서 착한 소비문화가 확산되었다. 굿즈를 구매하는 행위가 단순한 소비를 넘어 인권, 환경, 페미니즘 등사회적 이슈에 관심 있는 소비자로서의 정체성을 드러내는 방식으로 작용한 것이다. 청년 여성의 소비는 이제 단순한 욕구 충족을 넘어선 의미를 가지게 되었다. 일본군 위안부 관련 굿즈 캠페인은 십대 청소년부터 이삼십대 여성의 소비문화를 변화시켰다. 또한 페미니즘 리부트 이후 페미니즘이 대중화되면서 관련 도서와 굿즈가 판매되기 시작했으며, 펀딩 커뮤니티 사이트 텀블벅을 통해 다양한 페미니즘 관련 상품의 제작비를 먼저 모금한 후 제작·판매하는 방식이 정착되었다. 나아가 탈코르셋운동 역시 여성의 외모 관리와 관련된 행위는 물론, 이와 관련된 상품 및 서비스를 소비하지 않겠다는 정치적 행위(보이콘, 바이콧)와 맞물려 있다.[3] 또한 지방이나 시골에 있는 구옥이나 폐가를 수리해 숙박 시설(스테이)을 운영하거나,[4] 귀촌하여 다른 방식의 삶과 경제활동을 실천하는 경우도 증가하고 있다. 또한 제로 웨이스트를 지향하며 비건 식단으로 식생활을 바꾸는 등 환경 의식과 가치소비가 더욱 강조되고 있다. 이러한 흐름과 맞물려 가치소비와 윤리적소비를 중시하는 여성들이 직접 상품과 서비스를 제공하는 생산자로 등장하며, 여성 중심의 또 다른 소비문화를 형성하고 있다.

청년 여성이 SNS 기반의 다양한 사업에 진출할 수 있었던 또 하나의 요인은 팬덤 문화의 산업화와 하위문화

시장의 성장이다. 청년 여성들은 십대 시절부터 아이돌 팬덤 문화를 비롯한 다양한 하위문화를 소비하며 새로운 문화를 만들어왔고, 이러한 문화적 경험은 이십대 이후 상품화 능력으로 이어졌다. 팬덤 문화는 거대한 시장을 형성하며, 팬덤 경제의 중심인 굿즈 시장이 활성화되었다. 처음에는 굿즈를 만드는 것이 놀이의 일환이었지만, 점차 이를 시장에서 판매하는 방식으로 확장되었다.[5] 청년 여성들은 소비자이면서도 생산자의 역할을 동시에 수행하는 '프로슈머prosumer'로 자리 잡기 시작했다. 이 이외에도 일러스트레이션페어에서는 팬덤과 캐릭터 기반의 일러스트 작품들이 활발하게 거래되고 있으며, 스티커를 활용한 '다꾸'*가 인기를 끌면서 여성들이 직접 스티커를 생산·판매하는 시장도 급속도로 성장하고 있다. 여성 소비자를 겨냥한 다꾸 스티커 상점을 여성 생산자들이 운영하는 경우가 많은 것처럼 여성이 생산자이자 소비자인 시장이 확대되고 있다.

1990년대 이후 하위문화의 주요 소비자였던 여성들은 문화에 대한 깊은 이해를 바탕으로 시장경제의 생산자로 쉽게 진출할 수 있었다. 미용·패션과 같은 산업에서

---

*   '다이어리 꾸미기'의 줄임말.

여성의 비율이 높았던 것이 성별분업과 여성의 전통적인 성역할 때문이라면, 팬덤 문화를 기반으로 한 문화산업에서 청년 여성들의 활약은 대중적 소비문화에 대한 오랜 경험과 지식 그리고 열정이 경쟁력으로 작용한 결과이다. 하위문화가 성장하고, 인터넷 기반 매체를 통한 소통이 확산되면서 여성 중심의 소비문화가 새로운 시장경제로 확장되었다. 다시 말해 하위문화를 둘러싼 여성 주도의 새로운 경제 생태계가 구성되었다고 할 수 있다. 케이팝을 중심으로 한 다양한 콘텐츠의 수출과 K-문화산업의 성장과정에서, 팬덤 문화를 소비하던 여성들은 과거 '빠순이'라고 폄하되기도 했으나, 이제는 단순한 소비자를 넘어서는 위치에 서게 되었다. 여성 중심의 하위문화가 시장화되면서 여성들이 주도하는 생산과 유통, 소비 구조가 새롭게 형성된 것이다.

이 이외에도 금융화된 자본주의 시대에 접어들며 청년 여성의 자기 계발과 경제적 이해가 활발해진 점도 중요한 요인으로 작용했다. 신자유주의적 경제체제와 글로벌경제가 지속적으로 확산되는 환경 속에서 경제적 능력이 무엇보다 중요한 가치로 자리 잡았다. 대학입시에서 의대나 법대가 선호되는 이유 역시 졸업 후 높은 수익과 사회적 명예를 동시에 보장받을 수 있기 때문이다. 이러한 사회적변화 속에서 남성뿐만 아니라 여성 역시 경제적 능력을 갖추는 것이 필수적인 요소가 되었고, 여성의 경제력 또한 결혼 상대자로서 중요한 조건으로 자리 잡아가고 있다. 이러한 흐름 속에서 청년 여성들은 경제적 성공과 돈에 대한 감각을 빠르게 익히고 있다. 부동산투자, 주식투자, 내 집 마련 등 다양한 형태의 재테크를 시도하고 있으며, N잡, 소셜미디어 플랫폼 비즈니스 등을 통해 다수의 수입원을 창출하기 위해 노력한다.[6] 유튜브에는 청년 여성들이 자산을 키우는 법과 경제적 성공 전략을 공유하는 콘텐츠가 지속적으로 업데이트되고 있으며, 자신의 경험을 바탕으로 경제적 노하우를 전달하는 청년 여성 크리에이터도 점점 증가하고 있다.

* * *

지금까지 청년 여성을 오늘날 자기 고용이라는 경제활동, 즉 자영업에 진출하게 하는 다양한 맥락과 배경을 살펴보았다. 청년 여성의 자영업 진출은 구조적인 측면과 자발적인 선택의 측면이 모두 존재한다. 물론 청년 여성 누구나 쉽게 자영업을 선택할 수 있는 것은 아니다. 하지만 창업과 사업체 운영 등 자기 고용을 통해 '여사장'이 되기를 희망하는 혹은 이미 여사장이 된 청년 여성이 존재하며 그 변화는 가시적으로 나타난다. 이러한 상황에서 한국 사회는 자기 고용을 실천한 여사장의 존재에 대한 역사적 이해가 부족하다. 또한 이들의 경험이 제대로 연구되지 않아 청년 여성들은 여전히 고군분투하고 있다. 이에 자신의 일자리를 스스로 창출하여 자신을 고용하는 여성, 다시 말해 자영업자, 업주, 주인, 때로는 사업가로도 불린 여사장의 경험을 역사적으로 폭넓게 이해하는 것은, 여성의 역사적 경험 속에서 현재의 청년 여성이 자신의 위치와 맥락을 이해하고 어디로 향해야 하는지를 구조적이고 거시적으로 이해하는 데 도움이 될 수 있을 것이다.

현재진행형의 이슈,
경제적 여성 주체 되기

『여사장의 탄생』은 우리가 일상생활에서 마주하는 다양한 규모의 상점 혹은 사업체를 운영하는 수많은 여사장이 제대로 조명받지 못했다는 점에서 출발했다. 여사장은 밤낮으로 일하며 가족의 생계를 책임졌고, 마을과 지역에서 관계망을 형성하며 한국 사회에서 특정한 역할을 해왔다. 한국 사회에서 여사장이 급부상한 배경은 한국전쟁이라는 국가적 위기, 그로 인한 경제적 긴급 상황이었다. 전쟁으로 인해 가부장적인 성별분업이 변화할 수밖에 없었고, 여성은 가정에서 변화된 역할을 맡게 되었다. 이로 인해 여성은 가족의 생계를 책임지고, 자신의 경제적 위기를 극복하기 위해 자기 고용이라는 경제활동에 진출하게 되었다. 여성의 새로운 경제적 실천은 가부장적인 젠더 규범을 위반하면서도 그 안에서 선택과 협상을 실천했다. 그러므로 1950년대 이후 한국 사회에서 자신의 사업체를 운영하는 여사장이 부상하게 된 역사적 맥락과 한국 현대사 속 여사장의 경험이 어떠한지를 살펴본 것은, 여성이 임금노동이 아닌 자기 고용의 형태로 경제활동을 하게 된 젠더적 측면을 드러내고자 함이었다. 자기 고용의 형태, 즉 자영업을 하는 여성의 경험이 비가시화된 이유를 페미니즘 관점에서 정치경제적, 사회문화적 측면에서 밝히고 여전히 지속되는 문제를 논하고자 했다. 양가적이고 갈등적이며 기대와 희망 그리고 절망이 공존하는 여성 자영업의 세계는 역사적으로 어떻게 전개되었는지, 여사장은 경제 분야에서 무엇을 경험했으며 당사자로서 자신의 경험을 어떻게 이해하고 의미화했는지, 그리고 이러한 여성 자영업을 둘러싼 지배담론과 문화적 재현은 어떠했는지를 살펴보고자 했다. 다시 말해『여사장의 탄생』은 한국 사회에서 여사장이 등장하게 된 맥락과 이후의 역사적 전개과정을 살펴보고, 지금 이 시대를 살아가는 젊은 여성의 경제적 실천과 고민, 욕망, 현실을 함께 다뤄보려는 시도이다.

『여사장의 탄생』은 기존의 여성 노동 연구가 주로 임금노동자로서의 여성에 초점을 맞추고, 여성이 경험하는

성 불평등과 착취적인 노동환경을 비판적으로 분석해온 것과 달리, 자영업자로서의 여성, 즉 여사장이라는 경제 주체에 주목한다. 불평등하고 착취적이며 불안정한 노동 시장이 지속되는 상황에서 고용원이 있을 수도 있는 자영업자에 주목하는 것이 일정한 한계를 내포한 것일 수도 있다. 하지만 여성은 항상 임금노동자로만 살아가는 것은 아니다. 더욱이 기존의 가부장적 기업문화 속에서 대안적인 경제모델과 여성의 주체적인 노동 및 경제적 실천을 모색하기 위해서는, 비임금노동자인 여성 자영업자가 경제 영역에서 위치를 확보할 기회를 마련하는 것 또한 매우 중요한 의미를 갖는다. 자영업자의 수가 상당히 많은 현실에서, 이들에 대한 이해와 접근은 기존의 마르크스주의적 틀에서 이제는 벗어날 필요가 있다.

지금까지 논의한 여성 자영업에 대한 무관심, 망각, 그리고 무시는 1950년대 이후 한국 경제의 전개 과정을 남성 자본가 혹은 임금노동자 위주로 접근함으로써, 남성중심적이고 가부장적인 시선으로 한국 경제사를 해석하는 토대가 되었음을 보여준다. 이러한 점에서, 여성의 노동과 경제활동에 관한 사회적 관심과 논의에서 지금까지 누락된 장사하고 사업하는 여성, 즉 자기 고용을 통해 경제활동을 하는 여성 자영업자를 경제적 주체로 주목하고, 이들의 삶과 경험을 역사적 관점에서 살펴보는 것은 매우 필요한 작업이다. 또한 자영업과 여성의 관계, 그리고 이를 통한 대안적 경제 모색과 실천은 보다 적극적인 논의가 필요하다. 또한, 다양한 대안을 모색하는 과정에서 시도되는 창업과 벤처 역시 자영업, 즉 사업체 운영의 형태라는 점에서 자영업에 대한 새로운 이해와 접근은 그 어느 때보다도 중요하다. 따라서 1950년대부터 현재까지 한국 현대 경제사에서 누락된 여성 자영업자의 경제적 역할을 가시화하고자 했던 것이다.

여성은 가부장적 성별분업에 따라 특정한 방식의 경제활동을 요구받으면서, 성차별적이고 남성중심적인 노동시장에서 한계를 경험하면서 또 다른 방식을 선택하기도 한다. 전통적으로 농업에 종사했던 여성이, 혹은 공장과 같은 근대적인 생산공간이나 소비공간에서 임금노동을 하던 여성이 한국전쟁을 계기로 거리로, 그리고 시장으로 나와 생계를 위해, 경제적 자립을 위해 장사를 하고 사업을 하면서 자기 고용을 실천하기 시작했다. 자기 고용을 실천한 여성은 기존의 질서와 조직에 편입되는 것이 아니라 자신의 자원과 자본을 적극 활용하며 경제활동을 함으로써 특정한 방식으로 능력을 발휘할 수 있게 되었다. 자신의 사업체를 주도적으로 이끄는 경제적 여성 주체로 구성되는 과정에 놓인 여사장은 좀 더 자신의 자율성과 독립성을 발휘할 수 있었다. 물론 가부장적인 성별 규범이 작동하는 과정에서 선택하는 분야, 즉 업종에는 제한이 있었다. 그러한 제한 속에서도 여성은 다양한 시도와 선택을 함으로써 자영업 운영을 시도했다. 1950년대 여성이 이러한 자영업을 선택한 것은 여성이 돈을 벌 수 있는 일자리가 부재했기 때문이었다.

자영업을 선택한 또 하나의 중요한 이유는 돈을 벌면서도 자녀를 키우고 살림을 할 수 있다는 장점이 있었기 때문이다. 기혼 여성은 아내이자 어머니로서 가정 내에서 요구되는 성역할을 경제활동을 한다는 이유로 남편이나 다른 누군가에게 떠맡길 수 없었다. 그러므로 여성은 한국전쟁을 계기로 자신이 가진 자원과 능력을 활용하며 긴밀한 사적관계와의 조율 속에서 경제활동을 이어나갔다. 물론 여성은 사업을 하면서 경제적 주체로 거듭났지만, 가족 내 가부장적인 권력관계 속에서 자신이 벌어들인 소득과 재산에 대해 정당한 재산권을 발휘하지 못하고 남편이나 아버지 등에게 권리를 내주거나 뺏기기도 했다. 이에 이 책에서는 여성 자영업자가 한국사회에서 부상하면서 가부장적인 질서는 이들을 문제적

이고 문란하며 비도덕적인 여성으로 의미화했다는 점을 살펴보았다. 그럼에도 불구하고 여성 자영업자의 수는 지속적으로 증가했다. 하지만 여성 자영업자의 경제 활동이 국가경제를 나타내는 국민총생산에 어떠한 기여를 했는지가 드러나지 않아 이들의 가치와 역할은 논의되기 어려웠다.

한국전쟁 이후 여성이 자영업자로서, 즉 여사장으로 경제활동을 하는 것은 많은 역경을 동반한 과정이었다. 과거 여성이 겪었던 어려움은 현재의 상황에서도 여전히 지속되고 있다. 무엇보다 여성 자영업은 지금도 일정한 규모 이상 성장하기가 매우 어려운 상황이다. 상당수의 여성이 1인 사장으로 매우 영세한 사업을 하면서 생계를 유지하는 정도에 그치고 있다.[1] 게다가 여성이 진출하는 사업 분야는 여전히 여성성이나 여성의 전통적인 성역할과 밀접한 관계가 있는 성별화된 영역에 제한되고 있다. 이러한 분야는 대체로 수익성이 낮은 경우가 많아 경제적 성장의 한계에 부딪히는 경우가 잦다. 이러한 상황이 지속될 경우, 한국 경제의 양극화는 젠더적 불평등과 결합되어 더욱 심화될 가능성이 크다.

그러므로 이 책에서는 지금까지 한국 현대 경제사에서 다뤄지지 않았던 자영업자의 존재와 자기 고용이라는 자영업 경제활동을 가시화하고자 했으며, 그동안 자영업, 특히 여성 자영업자가 논의되지 못한 맥락과 배경을 비판적으로 고찰함으로써 이들을 비가시화한 접근방식과 프레임을 문제시하고자 했다. 그리고 자영업의 전개 과정에서 젠더 정치, 특히 경제에 대한 젠더 규범이 어떤 방식으로 결합되어 영향을 미치는지를 드러낼 수 있었다. 마지막으로, 자영업 안에서 규모의 정치학이 젠더와 결합된 상태로 발생한다는 점을 문제시했다. 남성이 진출하는 분야는 규모도 크고 수익의 구조도 큰 반면에 여성이 주로 진출하는 분야는 규모가 작고 생산성도 낮은 분야인 경우가 지배적이었다. 자영업에 대한 사회적 관심이 좀 더 학술적인 논의로 확대되고 본격화될 필요가 있으며, 그럼으로써 한국 사회의 양극화와 계급적 차이가 젠더와 어떻게 맞물려 작동하는지를 드러낼 수 있을 것이다. 이 책에서 다룬 여성 자영업자 혹은 여성 경제인은 직원 혹은 노동자를 착취하거나 정당한 대우나 임금을 제공하지 않는 악덕 업주 혹은 자본가일 수도 있다. 여성 간의 경제적 차이 혹은 계급적 격차가 여성 사이의 차별과 폭력으로 이어지는 지점도 존재할 것이다. 하지만 여성이 장사하고 사업하는 존재로서 가부장적 자본주의사회에서 어떠한 위치에 있는지를 비판적으로 분석하는 것이 우선적으로 논의될 필요가 있다고 보았다.

자영업은 임금노동이나 사적영역에서 전개되는 가사노동, 돌봄노동 등 기존에 여성 노동 연구가 주목했던 노동과 마찬가지로 중요한 여성의 경제적 행위이자 활동이며 실천이다. 더욱이 자영업 운영은 여성의 경제적 자립과 재산권 등 일련의 경제적 권리와 밀접한 만큼 중요하다. 하지만 여전히 여성이 경제적 주체가 되는 과정은 험난하다. 여성은 노동시장에서의 차별적 환경 속에서 남성에 비해 교육의 기회, 자원과 자본이 제약될 뿐아니라 선택할 수 있는 분야도 제한적이다.

여성 자영업 논의가 중요한 또 하나의 이유는 경제 영역이 어떻게 성별화된 방식으로 구성되고 또 이러한 영역에서 여성이 어떻게 경제적 실천을 해왔는지를 비판적으로 이해함으로써 성차별적인 노동시장에 변화를 이끌어낼 수 있는 대안과 방법을 모색할 수 있기 때문이다. 이를 위해서는 여성의 소비는 물론 사업과 금융활동 등 여성과 경제와 관련한 논의를 좀 더 종합적이고 포괄적으로 살펴볼 필요가 있다. 한국적 맥락에서 가시화되지 않았던 치산治産, 즉 재산을 관리하고 부를 축적했던 전통사회에서 여성의 경제적 실천[2]에도 주목하는 등 여성을 단지 노동 주체로만 접근하는 것이 아니라 경제적 영역에서 소비와 금융은 물론 사업과 같은 다양한 혹은 포괄적 경제활동을 하는 존재로 접근할 필요가 있다. 계와 일수, 부동산투자 등 금융활동과 이에 따른 여성의 재산권, 그리고 여성의 소비조합, 소비 운동, 경제적 독립에 대한 여성의 사상, 특히 식민지 시기 사회주의 여성의 경제적 독립, 즉 경제에 대한 사상적 측면 등을 검토할 필요가 있다.

그동안 여성과 경제를 논의할 때 경제의 내용은 여성 노동을 지칭하는 용어로, 혹은 여성의 금융과 투기와 관련된 의미에서 사용하는 것이 일반적이었다. 여성과 노동 그리고 경제의 관계를 지칭할 때 경제 용어가 제한적으로, 혹은 특정한 방식으로 사용되는 경향을 검토하고 그것이 갖는 한계를 비판하며, '한국 젠더 경제사'라는 역사 연구의 분야 혹은 관점을 새롭게 구성하여야 하며, 경제 개념은 어떻게 재구성해야 하는지에 대한 여성주의 논의가 확대되어야 한다. 그러므로 여성 노동 연구와 한국 경제사 논의는 더욱 젠더적인 관점에서 접근하는 '한국 젠더 경제사'로 확장될 필요가 있다.[3]

여성 자영업에 관한 논의가 중요한 마지막 이유는, 현재 진행되고 있는 가부장적 자본주의의 문제를 해결하기 위해 대안경제를 모색할 필요가 있기 때문이다. 이때 새로운 변화를 위해서는 다양한 형태와 성격의 사업 등을 새롭게 기획하고 운영함으로써 경제를 중심으로 대안적 삶의 방식을 탐색할 수 있어야 한다. 지금까지 소규모 자영업은 자본주의의 전개 과정에서 결국 소멸한다는 전제로 다루어졌다. 하지만 한국에서 생계형 자영업은 서구 사회보다 훨씬 더 높은 비율을 차지했는데, 이는 한국의 경제가 서구 사회와 비교해 자본주의화 혹은 산업화의 정도나 방식에 있어서 차이가 있기 때문이다. 이는 자본주의가 불러온 위기에 대한 해결책을 논의함에 있어서도 다른 방법을 모색할 수 있고 또 필요함을 뜻한다. 이러한 점에서 한국 경제에 대한 진단과 해법을 위한 모색 역시 서구 사회와는 좀 다르게 논의될 필요가 있다. 이러한 측면에서 여성 자영업에 관한 역사적 논의는 과거에 대한 이해는 물론 앞으로의 경제와 삶에 대한 대안을 모색하는 데 많은 시사점을 제공해줄 수 있을 것으로 보인다.

전환의 시대, 자신의 삶을 새롭게 구성하고 대안을 모색하기 위한 시도를 하는 여성이 생겨나고 있다. 이들의 시도와 선택이 지속 가능하도록 어떠한 제도적, 정책적 지원과 사회적, 문화적 이해와 변화가 필요한지를 논의할 수 있는 기반을 마련해야 할 것이다. 한국 현대사에서 여사장의 경험을 살펴보는 것이 현재 의미하는 것은, 과거 여성의 경제활동이 비가시화된 지점을 드러내는 데 그치지 않는다. 이는 그들의 경험을 비가시화했던 프레임이 여전히 지배적임을 드러내는 과정이다. 여사장의 등장과 역사적 경험에 대한 주목은 '여성의 경제적 주체 되기'에 대한 관심에서 출발했다. 하지만 새로운 장사를 하거나 사업체를 운영하는 것이 중요한 것은, 궁극적으로 여성의 관점과 경험에서 대안경제를 위한 새 판 짜기의 시작점 혹은 출발점이기 때문이다. 임금노동과 같이 기존의 다양한 형태의 조직과 질서에 편입하는 경우에는 가부장적이고 자본주의적인 질서에 균열을 내는 것이 결코 쉽지 않다. 특히 임신, 출산으로 인해 경력이 중단된 중고령층 여성의 재취업이 상당히 어려울 뿐 아니라 재진입한다고 하더라도 그 분야가 요리나 간호, 돌봄 등 여성의 성역할에 제한되는 현실이 단적으로 보여준다. 최근에는 노동조합에 대한 사회적으로 부정적인 인식이 확대되면서, 노조를 통한 노동자의 연대가 기존 질서를 바꾸어내는 데 한계 있다. 이에 자신이 새롭게 분야와 영역, 가치관, 방식을 구성하고 시도함으로써 사회의 변화와 가능성을 창조적으로 구성할 수 있어야 하며, 새로운 시작과 출발을 할 수 있는 토대가 구성되고 사회적 분위기가 우호적일 때, 새로운 기회와 가능성이 열릴 수 있다.

결국 경제 영역에서 성차별적인 구조를 문제시함으로써 여성의 사업 진출을 논의함과 더불어, 우리가 생각해 볼 수 있는 문제는 여성이 사업의 영역에서 어떻게 대안적 성격의 경제를 구성할 수 있는가이다. 김현미는 페미니즘 비즈니스가 "윤리적인 방식으로 상품을 생산해야 하고 어린이, 여성, 환경을 착취하지 말아야 하며, 지역에서 생산되는 자원을 사용하고 탄소 배출을 줄이며, 모든 생산과정을 투명하게 공개"해야 한다고 보았다.[4] 여성의 경제활동에 무조건적인 윤리적·정치적 올바름을 요구함으로써 사업 성장에 제한이 될 수 있지만, 여성이 기존의 가부장적이고 남성중심적이며 자본주의적인 방식으로 경제 영역에 진출하는 것은 결국 또 다른 문제를 초래할 수 있다는 점에서 한계적이라 하겠다.

성차별적인 구조를 문제시하면서도 성장과 발전에만 집중된 경제의 기준을 관계와 돌봄, 지속가능성, 생태 지향으로 전환하는 과정에서 여성의 참여가 확대될 필요가 있다. 이러한 점에서 상품과 서비스를 판매하는 방식을 새롭게 구성하는 것은, 기존의 질서에 균열을 가하고 새로운 질서를 상상해낼 수 있다는 점에서 가능성과 미래를 엿볼 수 있다. 더욱이 자본주의의 위기와 기후 위기로 대안경제에 대한 관심이 크게 확대되고 있는데 여성 자영업이 그러한 변화에 실마리를 제공할 것으로 기대하고 있기 때문이다. 실비아 페데리치, 마리아 미즈, 반다나 시바 등 페미니스트 학자들은 이러한 위기를 극복하는 방법으로 탈성장, 커먼즈, 자급 관점, 사회적 증여 관계의 재구축 등을 제시해왔다. 그러나 이러한 시도는 자본가와 임금노동자 위주의 가부장적 자본주의를 상정하며 문제의 해결책을 모색하는 것이다. 하지만 소규모 자영업에 진출하는 여성의 비율이 높은 한국적 맥락과 현실을 고려하면서 여성 노동문제의 해결과 대안경제를 모색한다면, 구체적인 대안 모색에서도 다른 방안을 찾을 수 있을 것이다. 지금까지 자영업은 한국 경제정책에서 그리고 학술적 장에서 항상 주변화되었다. 이제 여성 자영업을 비롯해 한국 사회의 자기 고용과 자영업에 대한 논의도 본격적으로 시작할 때이다.[5]

주

* 웹사이트는 모두 2025년 2월에
마지막으로 접속함.

프롤로그

1   정형옥·김미선·김경희, 「경기도 여성 자영업자 노동환경 실태조사」, 경기
도여성가족재단, 2024, 3쪽.

2   《오마이뉴스》는 2021년 11월과 12월에 여덟 차례에 걸쳐 여성 자영업자
를 상대로 한 젠더 폭력의 실태를 분석한 기사를 보도했다. 「열린 문: 여
성 자영업자 폭력 보고서」, 《오마이뉴스》, 2021년 11월~12월.(https://omn.
kr/1w26u) 그리고 1인 여사장이 혼자 장사하는 여성을 상대로 발생하는 범
죄에 대처하기 위한 전략을 다룬 논문으로 다음을 참고할 것. 추지현, 「여자
혼자 장사하기: 범죄 "기회" 차단을 위한 젠더화 된 사업 전략과 효과성」,
『한국여성학』 34(1), 한국여성학회, 2018, 67~104쪽.

3   마르크스주의 관점에서는 자본가와 노동자가 이분법적으로 구분되며, 자
영업자는 생산도구를 가진 자본가인 프티부르주아로 여겨지면서 이들의
경제활동을 노동으로 정의하는 것은 적합하지 않다는 지적이 있다.

4   통계청, 「한국의 SDG 이행보고서 2024」, 2024, 68쪽.

여사장, 찾고 만나고 듣고 기록하기

1   1990년대 이전까지 여성 노동 연구는 비임금노동자를 주목했지만 여성 무급가족종사자에 집중되었을 뿐, 여성 자영업자에 대한 관심은 부족했다.

2   이종현, 「1970년대 한국 소매 유통업의 저발전에 대한 연구: 정부의 산업 정책과 유통 업체의 관계를 중심으로」, 《동향과 전망》 85, 한국사회과학연구회, 2013, 294~329쪽.

3   통계청 편, 『위대한 숫자의 역사: 시대사』, 통계청, 2015, 299쪽.

4   김미선, 「여성 자영업(자)의 역사적 전개와 그 실태: 일제강점기부터 1960년대를 중심으로」, 《경제사학》 48(3), 경제사학회, 2024, 304~305쪽.

5   장귀연, 「노동유연화로서 플랫폼노동의 노동조직 과정과 특성」, 《산업노동연구》 26(2), 한국산업노동학회, 2020, 183~223쪽.

6   조앤 W. 스콧·루이스 A. 틸리, 『여성 노동 가족』, 김영 외 옮김, 후마니타스, 2008, 131~133쪽.

7   조순경, 〈시장노동을 넘어서: 여성노동연구의 유기적 접근을 위한 방법론적 시론〉, 제3회 이화여성학 포럼, 이화여자대학교 한국여성연구원, 2007년 9월 7일.

8   오늘날 〈경제활동인구조사〉에서는 자영업자를 고용원이 있는 경우와 없는 경우를 포함해 사용한다. 과거에는 '자영업자'가 아닌 '자영업주'라는 용어가 사용되었으며, 이는 고용주와 자영업자를 합한 개념이었다. 당시 자영업자는 유급 직원 없이 사업체를 경영하는 자로 규정되거나, 5인 미만의 소규

모 사업체를 운영하는 자로 정의되었다. 하지만 '자영업주'와 '자영업자'라는 용어는 현재도 혼용되는 경우가 많다.

9　자영업자를 비임금노동자로 정의하는 것은 취업자의 구분 기준이 임금노동 여부임을 나타낸다. 자영업 관련 영어 표현은 'self-employed' 'self-employment' 'self-ownership' 등이 있으며, 자영업자를 뜻하는 'entrepreneur' 'independent business owner' 'self-sufficient worker' 'proprietor' 'proprietress' 'sole proprietorship' 등의 표현이 있다.

10　대기업은 'corporate' 'major company' 'big company'라고 하며, 자회사를 거느린 경우 'conglomerate'라고 표현한다. 중소기업은 'small-and-medium-sized business·company·enterprises'라고 하며, 일상 대화에서는 'medium-sized company'라고도 한다.

11　일상생활에서는 '회사'와 '기업'을 동의어처럼 사용하지만 차이가 있다. 회사는 다수의 투자자가 모여 이루어진 단체의 일종이며, 기업은 특정 사업을 위해 인적자원과 물적 시설을 결합한 개념이다.

12　정형옥·김미선·김경희, 「경기도 여성 자영업자 노동환경 실태조사」, 경기도여성가족재단, 2024, 11쪽.

13　자영업자는 농림업에도 종사할 수 있지만, 본 책에서는 농림업을 제외한 비농림업 자영업자를 중심으로 논의한다.

14　중소기업이라 하더라도 창업 후 오래된 중견기업은 일반적으로 벤처기업이라 부르지 않는다.

15　통계청, 〈경제활동인구조사〉, 성/종사상지위별 취업자, 2024. (https://kosis.

kr/statHtml/statHtml.do?orgId=101&tblId=DT_1DA7028S&conn_path=I2)

16 경제기획원통계국, 〈노동력조사〉, 종업상의 지위별 취업자, 1957~1961년.

(https://kosis.kr/statHtml/statHtml.do?orgId=999S&tblId=DT_999S_189062&conn_

path=I2)

17 통계청, 〈인구총조사〉, 시도/산업(대분류)/종사상지위/성별 취업자, 1970.

(https://kosis.kr/statHtml/statHtml.do?orgId=101&tblId=DT_1EC7006&conn_path=I2)

18 통계청, 〈인구총조사〉, 시도/성/연령/종사상지위별 유업자, 1980. (https://

kosis.kr/statHtml/statHtml.do?orgId=101&tblId=DT_1EC8007&conn_path=I2)

19 해당 수치에는 농업에 종사하는 자영업자도 포함되었다.

20 한국의 경제활동인구를 보면 1984년부터 임금노동자의 수가 비임금노동
자를 초과하기 시작했다. 남성의 경우 1977년부터 임금노동자의 비율이 더
높아졌으며, 여성의 경우 10년 뒤인 1987년부터 임금노동자의 비율이 더
많아졌다.

21 「취업자 중 자영업자 비중 전남이 가장 높고 울산이 가장 낮다」, 《연합뉴
스》, 2023년 1월 17일.

22 이수진, 「한국 자영업의 정치 경제: 유동적 대중과 정치적 포섭의 한계」, 이
화여자대학교 대학원 석사학위 청구논문, 2019.

23 이종현, 「1970~2000년 한국 경제의 성장기 자영업 소상공인에 대한 연구」,
《경영사연구》37(4), 한국경영사학회, 2022, 22~23쪽.

1 한국전쟁이 '낳은' 여사장

장사하는 여성의 등장:

자영업의 시작

1 신수정, 「박완서 소설에 나타나는 동대문시장의 젠더정치학과 전후 중산
   층 가정의 균열」, 《한국문예비평연구》 51, 한국현대문예비평학회, 2016,
   281쪽.

2 윤정란, 「한국 전쟁과 장사에 나선 여성들의 삶: 서울에 정착한 타지역 출신
   들을 중심으로」, 《여성과 역사》 7, 한국여성사학회, 2007, 16쪽.

3 이임하, 『여성, 전쟁을 넘어 일어서다』, 서해문집, 2004, 65~84쪽.

4 김미선, 「양장점을 통해 본 전후 1950년대 '여성 자영업주'의 탄생」, 《여성
   학논집》 38(2), 이화여자대학교 한국여성연구원, 2021, 11~13쪽.

5 김미선, 「어머니 사망에 의한 가족의 위기와 기억의 젠더정치: 한국전쟁기
   민간인 학살 노근리사건을 중심으로」, 《한국여성학》 39(3), 한국여성학회,
   2023, 128쪽.

6 한국전쟁으로 인한 생존의 위협은 수많은 여성을 성매매로 내몰기도 했다.

7 임형선 · 이종수 · 양충자 · 김미선, 『모던걸, 치장하다』, 국사편찬위원회,
   2008, 참조.

8 위의 책 참조.

9 위의 책 참조.

10 김미선, 「근대적인 '직업여성'의 여성정체성과 직업의식의 형성과정에 관

한 연구: 1세대 미용사 임형선의 구술생애사를 중심으로」,《여성과 역사》

10, 한국여성사학회, 2009, 163~167쪽.

11   이임하,『전쟁미망인, 한국현대사의 침묵을 깨다』, 책과함께, 2010, 146쪽.

12   위의 책, 151쪽.

13   위의 책, 같은 쪽.

14   위의 책, 154쪽.

15   김미선,「구술채록 면담 녹취록」, 개인 소장, 2020.

16   1980년대 이전까지만 해도 유통업이 발전하지 않았던 지방에서는 물자, 특
     히 기성복으로 만들어진 옷이 매우 귀했다. 도시와 멀리 떨어진 농촌이나
     산골은 교통이 불편해 시내의 시장에 나가 물건을 사는 것도 어려웠다. 이
     에 옷 보따리 장사들이 농촌과 산촌을 드나들며 장사를 했다.

17   국사편찬위원회 편,『20세기 여성, 전통과 근대의 교차로에 서다』, 두산동
     아, 2007, 31~38쪽.

18   안태윤,「후방의 '생계전사'가 된 여성들: 한국전쟁과 여성의 경제활동」,
     《중앙사론》 33, 한국중앙사학회, 2011, 257~295쪽.

19   이임하,『여성, 전쟁을 넘어 일어서다』, 서해문집, 2004, 90쪽.

20   위의 책, 249쪽.

21   한국전쟁 이후 부산, 인천, 대구 등 남한의 대표적인 도시에서는 밀수로 들
     어온 물건을 판매하는 양키 시장이 성행했다.

22   이하나,『대한민국, 재건의 시대(1948~1968)』, 푸른역사, 2013, 332~336쪽.

23   「김진규 최은희 '날개 부인' 공연」,《경향신문》, 1965년 5월 31일.

여사장의 탄생:

여사장이 되는 과정

1   김미선, 「여성 자영업(자)의 역사적 전개와 그 실태: 일제강점기부터 1960
    년대를 중심으로」, 《경제사학》 48(3), 경제사학회, 2024, 324~337쪽.

2   김미선, 「한국전쟁 이후 '여성의 경제female economy'의 형성: 양장점 운영을
    중심으로」, 《한국여성학》 38(1), 한국여성학회, 2022, 151~153쪽.

3   김미선, 「양장점을 통해 본 1950년대 전후 '여성의 경제female economy'」, 이화여
    자대학교 일반대학원 박사학위 청구논문, 2021, 56~58쪽.

4   김미선, 「양장점을 통해 본 전후 1950년대 '여성 자영업주'의 탄생」, 《여성
    학논집》 38(2), 이화여자대학교 한국여성연구원, 2021, 23~27쪽.

5   김미선, 「구술채록 면담 녹취록」, 개인 소장, 2020.

6   최세정 · 송혁 · 김을, 『대구 방문판매 여성』, 대구여성가족재단, 2019,
    129~130쪽.

7   살림채 혹은 살림집은 살림하는 방, 부엌 따위가 있는 집채를 뜻한다. 최시
    현, 「가게집의 기억: 직주일치 주거형식과 공사이분법의 재구성」, 《구술사
    연구》 13(2), 한국구술사학회, 2022, 37~41쪽.

8   김미선, 「한국전쟁 이후 '여성의 경제female economy'의 형성: 양장점 운영을
    중심으로」, 《한국여성학》 38(1), 한국여성학회, 2022, 160쪽.

9   위의 글, 같은 쪽.

10 위의 글, 159~162쪽.

1950~1960년대 여사장은

왜 기업인이 되지 못했나?

1 동아부인상회는 1920년에 설립되어 1925년까지 운영되었으며, 경성 종로2

가에서 여성들이 조합원으로 참여한 협동조합 겸 주식회사였다.

2 남편의 이름은 홍순언으로, 1935년에 경성 충정로에 동양극장을 설립했던

기업가였다.

3 일제강점기 궁궐 요리사 출신 안순환이 1909년 서울 광화문에 최초의 전문

음식점으로 명월관을 열었다. 그는 1918년에 명월관에 불이 나자 인사동에

태화관을 차렸다. 3·1운동 민족대표들이 태화관에서 독립선언서를 낭독한

후 영업이 정지되자 1922년에 남대문통 1정목(남대문로1가)에 다시 개원했

는데 이곳이 식도원이다. 위치는 현재의 신한은행 광교빌딩 자리다. 식도원

에서는 한글 반포 480돌인 1926년 11월 4일 최현배 등 한글학자들이 모여

가갸날(한글날)을 제정해 발표했다. 「근대광고 옛보기: 식도원 사건」,《서울

신문》, 2021년 2월 7일.

4 김옥교는 경기도 광주 출생으로 가난한 집에서 태어나 일찍이 기생이 되었

는데, "소리 잘하고 춤 잘 추고 거문고 잘 타는 김옥교"라고 불리며 경성의

첫째가는 기생으로 명성이 높았다. 윤치호의 일기에도 그의 이름이 언급되

어 있는데, 그를 총명하고 매력적인 천향원의 경영자라고 적고 있다(윤치호,

『윤치호 일기』 11권 1940년 11월 3일 자, 국사편찬위원회, 1986). 김옥교는 친일 단체

에도 참여했으며, 고객으로 총독부 일본 고위관리직 등을 상대하면서 상당

한 부를 일궜다. 당시 김옥교가 천향각 호텔의 사장으로 취임한 것은 조선

에서 드문 일이라는 기사가 실릴 만큼 이색적인 것으로 여겨졌다.

5   김옥란, 「해방기 김영수와 냉전: 극단 신청년 작품을 중심으로」, 《한국학연

구》 62, 인하대학교 한국학연구소, 2021, 353~390쪽.

6   김려실, 「1950년대 한국영화에 나타난 '미국적 가치'에 대한 양가성: 한형

모 프로덕션의 영화를 중심으로」, 《현대문학의 연구》 42, 한국문학연구학

회, 2010, 509~511쪽.

7   김미선, 「지역사회에서 여성경제리더의 성장과 다층적 역할: 광주 패션 디

자이너를 중심으로」, 《아시아여성연구》 61(2), 숙명여자대학교 아시아여성

연구원, 2022, 22~23쪽.

8   임형선·이종수·양충자·김미선, 『모던걸, 치장하다』, 국사편찬위원회,

2008, 참조.

9   위의 책 참조.

10   김미선, 「양장점을 통해 본 전후 1950년대 '여성 자영업주'의 탄생」, 《여성

학논집》 38(2), 이화여자대학교 한국여성연구원, 2021, 17~23쪽.

11   김미선, 「구술채록 면담 녹취록」, 개인 소장, 2020.

12   임형선·이종수·양충자·김미선, 『모던걸, 치장하다』, 국사편찬위원회,

2008, 참조.

13   김미선, 「구술채록 면담 녹취록」, 개인 소장, 2020.

14   김미선, 「양장점을 통해 본 1950년대 전후 '여성의 경제female economy'」, 이

화여자대학교 일반대학원 박사학위 청구논문, 2021, 158~160쪽.

2 여사장에서 여성 기업인으로

산업화 시기 상품을 해외로

수출하는 여성 기업인의 등장

1 「여사장 ①~⑭」,《매일경제》, 1971년 4월~1971년 6월.

2 「여사장 ①~⑤」,《경향신문》, 1975년 9월~1975년 10월.

3 「주부 경영기 ①~⑯」,《매일경제》, 1976년 4월~1976년 5월.

4 「여성운동 어디까지 왔나 여성의 해 결산 ⊕ — 여성과 경제」,《매일경제》,
   1975년 12월 15일.

5 이상숙 사장에 대한 설명은 다음 자료를 기반으로 했다. 이상숙·김미선,
   「1950~1970년대 여성경제인의 사업 운영과 생애」, 국사편찬위원회 전자사
   료관, 2022.

6 위의 글.

7 위의 글.

8 「맹렬여성들 — ① 뛰며 일하는 동신통운 (주) 박영숙 사장」,《매일경제》,
   1978년 7월 14일.

9 현재는 '한국여성경제인협회'로 이름이 변경되었다.

10 이 기사에 따르면 편정희는 1917년생으로 경기여고를 졸업하고 미국 줄리
   아드 음대를 졸업 후 소프라노 가수로 활동했으며 코미셜스토어 대표, 오리
   엔탈 택시컴퍼니 부사장을 역임했고 1973년에 8대 국회의원으로 선출되었
   다. 「여성경제인협회장 삼풍수산주식회사 사장 편정희 여사」,《매일경제》,

1974년 3월 18일.

11 「일속에 보람이⋯ ─ ⑦ 편정희 여사, 대한여성경제인협회 회장」,《매일경

제신문》, 1976년 3월 4일.

12 「한국여성실업인회 2대 회장으로 뽑힌 이영숙 씨 "여성 위한 경영 교실 운

영⋯ 해외 교류 강화할 터」,《경향신문》, 1979년 11월 22일.

13 「여성경제인협회장 선거 싸고 "고소 싸움"」,《조선일보》, 1983년 10월 7일.

14 남성 사업가들이 주로 참여하는 한국경제인협회는 1961년에 설립되었으

며, 초대 회장은 삼성물산의 초대 회장이자 삼성그룹의 창업주 겸 초대 총

수인 이병철이었다. 1968년에는 전국경제인연합회로 명칭을 변경했으며,

1981년 그 산하에 한국경제연구원이 설립되었다. 2023년 한국경제인협회

로 명칭을 변경했다. 1980~1990년대 전국경제인연합회의 여성 회원은 장

영신 애경유지 회장이 유일했다.

15 조진상,「女性運動의 活性化에 관한 硏究: 釜山地域 女性團體 活動 中心으로」,

《釜山女子專門大學 論文集》5, 부산여자대학, 1983, 127~163쪽.

1980년대 이후

여성 기업인의 본격적인 등장

1   「여사장 ③ ─ 애경유지 장영신 씨」,《경향신문》, 1975년 10월 2일.

2   장영신,『스틱 투 잇 Stick to It!』, 동아일보사, 2010.

3   「국내 처음 열풍건조기 7종 개발」,《매일경제》, 1979년 9월 6일.

4   「전두환최루탄 여성巨富…'뚫리는방탄복'파문」,《한국경제》, 2014년 11월 13일.

5   기업의 분류에 관한 더 자세한 정보는 다음을 참고할 것. (https://www.mss.
    go.kr/site/kids/02/20202000000002019101616.jsp)

6   2017년부터 '여성 기업인 명예의 전당'이 추진되었으며 우수 여성 기업인에
    게 수상이 이루어진다.

7   「맥 여성시대: 기업인, 요리서 탄광·토목까지… 경영 자부심 40~50대 주축
    3개 단체 만들어 상조」,《조선일보》, 1993년 11월 20일.

8   일본군 '위안부'와 조선 여자 근로정신대에 대한 사죄와 배상을 일본 정부에
    요구한 소송으로, 일본 시모노세키下關와 부산釜山을 오가며 진행한 재판이
    라는 의미에서 '관부재판'이라고 부른다. 관부재판에 관해서는 다음 책을 찾
    아볼 수 있다. 하나후사 도시오·하나후사 에미코,『1992년 관부재판과 할머
    니들』, 고향옥 옮김, 책숲, 2023.

9   남영주,「아카이브 설립자 전시콘텐츠 개발에 관한 연구, '민족과 여성 역
    사관'의 김문숙 사례를 중심으로」,《인문콘텐츠》 68, 인문콘텐츠학회, 2023,
    271~273쪽.

한국 경제사에서 잊힌 여성의 경제활동,
자영업

1   이하나, 『대한민국, 재건의 시대(1948~1968)』, 푸른역사, 2013, 423~426쪽.

2   우현용, 「영화 속 전쟁미망인 표상 연구 – 〈미망인〉, 〈동심초〉, 〈동대문시장 훈이 엄마〉를 중심으로」, 《현대영화연구》 9(2), 한양대학교 현대영화연구소, 2013, 201~222쪽.

3   위의 글, 217쪽.

4   김미선, 「한국 대중영화와 여성 자영업의 재현 양상(1): 1950년대부터 1970년대를 중심으로」, 《여성학논집》 41(2), 이화여자대학교 한국여성연구원, 31~33쪽.

5   이임하, 『한국전쟁과 젠더: 여성, 전쟁을 넘어 일어서다』, 서해문집, 2004, 251쪽.

6   이명휘, 「1950~60년대 계와 사금융시장」, 《여성경제연구》 2(1), 한국여성경제학회, 141~146쪽 ; 이명휘, 「1954~1956년 한국 여성신용조직의 금융시장에서의 역할」, 《여성과 역사》 23, 한국여성사학회, 2015, 114~125쪽.

7   국사편찬위원회 편, 『20세기 여성, 전통과 근대의 교차로에 서다』, 두산동아, 2007, 84쪽.

8   이명휘, 「1954~1956년 한국 여성신용조직의 금융시장에서의 역할」, 《여성과 역사》 23, 한국여성사학회, 2015, 114~117쪽.

9   여성 상인의 계 참여는 상당히 활발했다. 예를 들어 1955년 국제시장의 경우 2400명의 상인 중에서 여성은 거의 전부 계 모임에 가입되어 있었다. 위의 글, 123쪽.

10 위의 글, 115쪽.

11 숙녀 금고는 1950년대 말 상업은행에 제일 먼저 개점한 이래, 1960년대 후
    반과 1970년대 초에도 제일은행, 지역의 대구은행에도 설치되었다. 숙녀
    창구의 개설은 가계 저축을 확산시키는 것이었다. 정무용, 「1960년대 후반
    '생활 합리화' 논의와 가계 저축의 장려」, 《역사문제연구》 54, 역사문제연
    구소, 2024, 380쪽.

12 「주부들의 금전 관리」, 《동아일보》, 1962년 1월 31일.

13 이규웅 감독은 같은 해에 계 모임을 하는 여성을 주인공으로 영화 〈치맛바
    람〉도 제작했다. 이 작품 역시 기혼 여성이 남편의 박봉으로 살림이 어렵자
    계 모임을 시작한다. 그러나 계 모임이 깨져 문제가 생기자 집에 들어가지
    못하다가 남편의 이해로 자신의 잘못을 뉘우치고 가정으로 돌아온다는 줄
    거리이다.

14 이하나, 앞의 책, 334쪽.

15 전봉관, 「주거의 투기화, 투기의 여성화: 1970~1980년대 한국 서사에 나
    타난 복부인의 형상화 양상 연구」, 《대중서사연구》 25(4), 대중서사학회,
    2019, 326~330쪽.

16 황병주, 「1970년대 '복부인'의 경제적 표상과 문화적 재현」, 《사학연구》
    140, 한국사학회, 2020, 526·528쪽.

17 위의 글, 528쪽.

18 전봉관, 앞의 글, 323쪽.

19 황병주, 앞의 글, 525·534쪽.

20 김주희, 「'투기부인'이라는 허수아비 정치: 두 편의 사적 다큐멘터리 분석을

중심으로」,《젠더와 문화》12⑴, 계명대학교 여성학연구소, 2019, 122쪽.

21 「의좋은 경업⋯'강철부부' ― 부산 제일기계 사장 강종대 씨와 ㈜제일기
    계 여사장 허복선 씨」,《경향신문》, 1982년 10월 25일.

22 「여성 경영인 ― ⑭ 허복선 ㈜제일기계 사장」,《매일경제》, 1983년 5월 17일.

23 오자은,「여성 경제 주체의 욕망과 여성 가장 되기의 (불)가능성 ― 박완서의
    도시의 흉년을 중심으로」,《사이SAI》31, 국제한국문학문화학회, 298~300쪽.

24 산업화과정에서 주변화되고 비가시화된 여성의 경제가 이후 어떻게 존속
    되었는지를 주목할 필요가 있다. 김미선,「양장점을 통해 본 1950년대 전후
    '여성의 경제female economy'」, 이화여자대학교 일반대학원 여성학과 박사학
    위 청구논문, 2021, 205~206쪽.

25 경제학에서 여성과 관련한 경제에 초점을 두고 다루는 '가정경제학'이라는
    분야 역시 가정에서 여성이 남편이 벌어온 돈을 어떻게 관리하고 지출, 즉
    소비하는지를 연구하는 학문 영역이다.

26 「'부지런한 손' 표창」,《조선일보》, 1972년 11월 19일.

3   사장이 '되고픈' 요즘 청년 여성

디지털 플랫폼 시대의

자기 고용을 실천하는 여사장

1   정형옥·김미선·김경희, 「경기도 여성 자영업자 노동환경 실태조사」, 경기

도여성가족재단, 2024, 249~251쪽.

2   여성의 디지털 노동에 대한 비판적 논의로는 다음을 참고할 것. 김애라, 『디

지털 심미안』, 서해문집, 2022.

3   현미희, 「디지털 변화에 따른 뷰티 창업의 시사점 연구」, 부산대학교 기술

창업대학원 석사학위 청구논문, 2021, 20~30쪽.

4   이승경, 「아름다움의 노동: 한국 뷰티 크리에이터의 창의노동과 정동노동

에 관한 연구」,《미디어, 젠더 & 문화》 38(2), 2023, 281~333쪽.

청년 여성이 마주한

노동사회의 벽

1   사례의 하나로 전북대 골목길이 아르바이트 경제에 의지하고 있다고 비판

한다. 이의민, 「전북대 앞 "카페 골목"에서 만난 청년들: 아르바이트 경제

속 지방 청년」,《지역과 세계》 46(3), 2022, 121~158쪽.

2   「청년인구 집중의 핵심 키워드, 20대 여성의 상경」,《시사인》 843, 2023년

11월 15일.

3   여수연, 「"꼭 떠나야 하나요?": 지방 여성청년의 생애기획과 정체성」, 서울
시립대학교 일반대학원 석사학위 청구논문, 2022, 59~66쪽.

4   정형옥·김미선·김경희, 「경기도 여성 자영업자 노동환경 실태조사」, 경기
도여성가족재단, 2024, 249~251쪽.

5   강민정·신선미·이승현·노우리·권희경·강현아, 「'청년 창업 지원 사업'
특정성별영향평가」, 한국여성정책연구원·여성가족부, 2019.

6   청년창업사관학교 홈페이지를 참고할 것. (https://start.kosmes.or.kr/yh_
mai001_001.do)

7   중소벤처기업부를 중심으로 추진된 대학 창업보육센터 사업 법률 개정으
로 이들 기관이 지자체로 이관되어, 청년 대상의 창업 보육 사업이 중앙에
서 지자체를 중심으로 이동해가고 있다. 지역에 기반한 창업 생태계를 조성
하고 청년들의 거주 지역에 기반한 경제활동을 지원함으로써 이들의 지역
이탈을 최소화하려는 전략이다. 강민정·신선미·이승현·노우리·권희경·
강현아, 「'청년 창업 지원 사업' 특정성별영향평가」, 한국여성정책연구원·
여성가족부, 2019.

8   위의 글.

9   정형옥·김미선·김경희, 「경기도 여성 자영업자 노동환경 실태조사」, 경기
도여성가족재단, 2024, 69쪽.

10   「게임 유저 "페미 낙인", 회사 "여성노동자 SNS 통제"」, 《경향신문》, 2023년
9월 18일.

11 청년 여성이 겪고 있는 성차별적인 노동시장에 관한 좀 더 자세한 논의로 다음을 참조할 것. 김현미, 『흠결 없는 파편들의 사회』, 봄알람, 2023; 이소진, 『증발하고 싶은 여자들』, 오월의 봄, 2023.

12 이민주, 『페미사냥: 젠더 정치 탐구』, 민음사, 2024.

삶과 노동에 대한
가치관의 변화

1 신경아, 「20대 여성의 새로운 노동정체성에 관한 탐색적 연구: 여성주의 저널 《일다》의 에세이 분석」, 《아시아여성연구》 56(2), 숙명여자대학교 아시아여성연구원, 2017, 108~114쪽.

2 한국에서 창의경제 혹은 창조경제는 박근혜 정권 당시 문화산업을 중심으로 산업화의 측면에서 논의가 되고 청년들의 열정 페이와 노동 착취에 대한 비판이 제기되었다. 반면 수전 러크만은 공예 중심의 대안적 삶을 추구하는 창조경제를 논의하고 있다. 동일한 창조경제라는 용어를 사용하지만 그 환경과 맥락의 차이가 있다. Susan Luckman, *Craft and the Creative Economy*, Basingstoke, England : Palgrave Macmillan, 2015.

3 최예령, 「젊은 페미니스트 여성의 정치적 소비와 그 정동적 동인으로서의 죄책감 연구」, 서울대학교 일반대학원 석사학위 청구논문, 2023, 51~76쪽.

4 유튜브 채널 '오지는 오진다'에는 구옥이나 폐가를 수리해 숙박 시설(스테

이)를 운영하는 청년 여성의 사례들이 등장한다.

5   지혜민, 「아이돌 팬 생산물의 상품화를 통해 본 팬덤의 자본주의화 연구」, 고려대학교 대학원 석사학위 청구논문, 2016.

6   구다연, 「"MZ세대" 여성의 포스트-자기계발 담론 분석 연구: 유튜브 여성 생산자의 자기계발 채널과 심층인터뷰를 중심으로」, 경희대학교 대학원 석사학위 청구논문, 2022.

에필로그

1   정형옥·김미선·김경희, 「경기도 여성 자영업자 노동환경 실태조사」, 경기도여성가족재단, 2024, 72쪽.

2   김현숙, 『조선의 여성, 가계부를 쓰다』, 경인문화사, 2018.

3   이디스 카이퍼, 『이코노믹 허스토리』, 조민호 옮김, 서울경제신문사, 2023.

4   김현미, 『흠결 없는 파편들의 사회』, 봄알람, 2023, 266쪽.

5   현재 한국 '자영업'의 위기에 대한 보도가 줄을 잇고 있다. 1990년대 이후 임금노동자의 임금 소득과 한국 영세자영업자의 사업 소득 간 격차가 계속해서 벌어지고 있다.